KB266465

조선 교육학의 바이블

-『격몽요결(擊蒙要訣)』의 서구 교육적 독해-

조선 교육학의 바이블

-『격몽요결(擊蒙要訣)』의 서구 교육적 독해-

조선 교육학의 바이블

-『격몽요결(擊蒙要訣)』의 서구 교육적 독해-

신창호 저

우물이 있는 집

학문의 길에서 고심하는 두 딸 수진·서진에게
- 교육과 연구, 그 궁리의 의미 성찰을 소망하며 -

차례

차례

머리말

　약간의 변명(辨明) 아닌 변명을 담기 위해, 조금 길 수도 있는 머리말을 쓴다. 기존의 번역·해설과 상당 부분 결이 다른 글을 써야 하기 때문이다.

　어떤 사상(思想)을 해석하는 데, '외도(外道)'가 있을까? 외도란 '바르지 않은 길'이다. 때로는 '본업을 벗어난 일'이기도 하다. 수십 년을 교육과 연구에 종사해 오면서, 강의나 글을 쓸 때마다 강조해 왔다. 그 본래의 목적에 따라, '정도(正道)'를 걸어가라! 그런데 지금 '외도'를 말하다니! 이 무슨 뜻이지?

　의아해할 필요는 없다! '외도'라는 말을 내기까지, 상당히 오랜 기간, 고심(苦心)했다. 아마 30년은 족히 넘은 것 같다. '외도'라는 의미를 전통 유학의 교육이나 연구에 슬쩍 밀어 넣는 작업이, 옳은 일인지 그른 일인지, 아직 정답을 찾지는 못했다. 하지만 연찬(研鑽)의 시간이 흐르면서, 깨달은 사실 몇몇이 있다. 이른바 '정도'라는 미명(美名) 아래 출간된 수많은 글이, 과연, 모두가 '정도'였던가? 그만큼 '양서(良書)'였을까? 아름다운 글, 훌륭한 책, 의미 있는 저작이었던가? 어느 날, 이에 관한 심각한 회의(懷疑)가 몰려왔다.

어떤 사람은 말할 것이다.

'양서'라고는 하지만, 좋은 책, 또는 그렇지 않은 것 등등이 복합되어 있지 않겠어? 그 가운데 좋은 것도 있겠지!

영혼 없는, 이런 평가에도, 대충 이해하며 공감할 수 있다. 그런데 아무리 양보해도 아니다 싶은 것이 있다. 지금까지 여러 분야의 다양한 글을 읽고, 쓰고, 강론하면서 그렇게 느꼈다.

'양서'라고 꼽는 글이라면, 그것이 '어떤 내용이건, 어떤 형식이건, 무슨 의미인지 알아볼 수 있게 표현되어야 하지 않을까?' 글은 빽빽한데, 그 말이 무엇을 뜻하는지 알 수 없다면, 그 글은 그저, 저 위대한 훈민정음(訓民正音)의 자음과 모음을 조합하여, 소리만이 울려 퍼지는 글자의 나열 아니겠는가!

나 스스로 그렇게 하지 못한 경우도 꽤 있었다. 가만히 생각해 보았다. '내가 글을 다루는 능력이나 역량이 부족한가? 글재주가 없는가? 독자를 배려하지 않는가?' 등, 평생을 교육과 연구를 통해 글을 다루어 왔는데, 앞으로 남은 시간에도 그렇게 해야 하는데, 글로 점철된 인생을 성찰하며, 부끄러운 시간을 보낸 적도 많았다. 그런 점에서 나를 성장시켜 준 여러 '양서', 이른바 '고전(古典: Classic)'을 비롯하여, 그런 수준에 해당하는 수많은 책, 나아가 시대정신을 담은 막 출간된 책들이 너무나 고맙다.

지금 간략하게 말하려는 사안은, 이런 '양서'들에 대한 평가나 비판이 아니다. '가독성(可讀性: Legibility)'이나 '이독성(易讀性: Readability)', 또는 '문해력(文解力: Literacy)'이나 '독해력(讀解力: Reading Comprehension)'과 연관된 문제를 짚어 보며, '글이 어떠해야 하며, 무엇이어야 하느냐?'에 대해 성찰해 보려는 것이다.

　어떤 글이건, 그것이 논문이건, 해설서이건, 번역서이건, 창작이건, 형식과 내용에 관계없이, '표현상 이해하기 힘든 부분이 있을 때', 무엇을 고려해야 할까? 글을 다루는 경험이 쌓이면서, 회의(懷疑)가 늘어났다. 그것은 '저자(著者) 또는 역자(譯者)'와 '독자(讀者)'의 몫이라는 잣대로 생각해 볼 수 있다.

　먼저, 저자의 몫에서 고민해 본다. 일반 독자가 읽기 어려울 정도로 난해(難解)한, 학술적이고 전문적인 내용을 다루었을 때, 그것은 마땅히 관련 분야의 전문 독자가 읽어야 이해할 수 있다. 일반 독자가 이해하기에 어려울 수 있다. 당연한 이치이다. 그런데 전문 독자조차도 읽기가 괴로운 수준이라면 어찌해야 하는가? 또, 일반적 교양 수준의 내용을 다루었다면, 문맹이나 글을 다룰 수 없는 특별한 경우를 제외하고, 기본 교육을 받은 독자들이 읽으면 이해할 수 있다. 그런데 일반 독자들이, 관심이 없거나 태만해서가 아니라, 난독(難讀)을 호소하며, 몇 쪽을 제대로 읽어 넘기지 못하고, 번민(煩悶)과 비탄(悲嘆)에 빠질 정도의 수준이라면 어찌해야 하는가?

　그렇다고, 온갖 고생을 하며 빚어낸 작품을 두고, 저자를 비난할 수만은 없다. 글을 익히지 못해 글을 다루는 수준이 낮거나, 글 자체에 관심이 없거나, 나아가 특정한 글에 대해 거부감을 가지고 아예 마음으로 받아들이지 않는 등, 몇몇 특별한 경우를 제외하고, 독자가 현명하면 이런 문제는 지혜롭게 해결할 수 있다. 저자의 저술 양식을 차근차근 훑어보고 이해하며, 독자의 시선으로 재고(再考)하여 현실적으로 개조(改造)하고 갱신(更新)하여 수리(修理)해 나가면 된다. 그것은 독자의 몫이다.

　그렇다면, 다시, 저자의 글이 어렵게 된 이유가 뭘까? 다루려는 주제가 일상과 동떨어진 세계에 관한 것은 아닌가? 전문가이건, 비전문가이건, 일반인이건, 독자들에게 익숙하지 않은 내용이어서 그런가? 아니면, 저자 자신이 저술이나 번역을 하면서도 내용에 관한 이해가 부족하여 제대로 그려내지 못한 것인가? 그것도 아니면, 일부러 어렵게, 형이상학적으로, 또는 현학적으로 묘사하여, 독자들이 탐구하면서 읽도록 유도하기 위한 것인가? 여러 가지 이유가 복합될 수도 있으리라.

아무리 난삽(難澁)한 글을 마주하더라도, 저자나 역자의 노고에는 박수를 보내는 것이, 저술에 대한 예의이다. 글 자체를 내놓았다는 것 자체가 고마운 일 아닌가!

저자나 독자 모두, 이런 기대는 어떤가? '문맥(文脈: Context)'이나 '함의(含意: Implication)'를 온전하게 장악(掌握)하는 수준이 아니어도 좋다! 개략적으로 인식하며 파악(把握)하는 정도면 만족하리라.

시간이 지날수록, 마음은 급해진다. 어떤 형태의 글이건, 사람들이 파악할 수 있는, 그런 문장과 내용으로 구성해야 하는데 말이다. 어떻게 할까? 이번에는 그 방편(方便)으로 '외도'를 선택했다. 외도는 상황에 따라 달라질 수 있겠지만, 일종의 엄격한 금기사항이다. 하지만 외도인 만큼, 색다른 기대를 해본다. 외도를 통해, 사람들과 공유하려는 의미의 진자(振子) 폭을 넓힐 수 있다면, 그런 금기사항은 더 이상 금기가 아니다. 새로운 '정도(正道)'이다. 유교의 '상도(常道)'와 '권도(權道)'처럼, 상황에 적합한 중용(中庸)의 균형 미학은 아닐까?

처음으로 율곡 이이의 『격몽요결』을 전반적으로 다루면서, 그런 생각을 했다. 지난 30여 년간, 『격몽요결』과 관련한 논문을 비롯하여 책을 쓰면서, 『격몽요결』 전체를 번역하여 간직하고 있었다. 그러면서, 여러 번 독해를 시도했다. 그러나 진도를 조금 나가다가 그만두기를, 시도한 것 이상으로 반복했다. 중국 경학(經學)의 전통으로 볼 때, '훈고(訓詁)냐, 의리(義理)냐, 고증(考證)이냐', 또는 '경(經)을 가운데 두고, 주(注)나 소(疏)를 지어 전(傳)을 만드느냐', 그 시대 정신과 현대성을 담으면 되는 것 아닌가? 고민이 깊어졌다.

'상도(常道)'로서 '정도(正道)'는 유교의 전통적 학문 연구 방식으로 『격몽요결』을 해독하는 작업이다. 그것이 맞다. 그렇게 이미 출간된 여러 책은 참고 문헌으로서 유용하다. 여기에서 일일이 밝힐 수는 없으나 번역·해설서를 펴내 준 저자들께 감사의 마음을 전한다.

그러나 여러 권의『격몽요결』번역서를 보면서, 고마움과 아쉬움이 교차했다. 한문(漢文) 권위자들의 책은 때로는 쉽고 때로는 버거웠다. 쉬운 부분은, 내가 유학을 공부하였기에, 원문과 내용을 동시에 이해하는 데 도움을 주었기 때문이고, 버거운 부분은 내가 유학을 공부했는데도, 무지한 탓인지, 부분 부분 다시 검토하며 확인하는 절차를 거쳐야 했기 때문이다. 이런 쉬움과 버거움의 교차 지점에서, 유학에 익숙하지 않은 일반인들은, 무엇을 어떻게 느낄까?『격몽요결』이라는 명저를 선뜻 읽으려고 할까? 특히, 교육이나 교육철학, 서구의 교육학에 물들어 있는 독자들에게 환영받으며 다가갈 수 있을까?

결론은 간단했다. 다가가기 어렵다! 그저 막막하지만, 대안을 생각했다. 그 도구로, 경전 번역·해설의 상도(常道)를 뒤로 하고, 권도(權道)로서의 외도(外道)를 택했다. 이런 선택에 대해, 유학의 정도(正道?)를 걷는 어떤 독자들은, 강도 높게 비판할 수도 있으리라.

조선 성리학(性理學)과 교육철학을 가로지르는, 이 작지만 거대한 저술,『격몽요결』을 어떻게 공유할까? 나는 정말이지, 생각하고, 또 생각해 보았다. 너무나 깊이 생각했다. 결론을 냈다.

　　20세기 이후 현재까지, 아니 미래의 교육조차도, 한국 교육은 서양 교육학의 이론을 뿌리에 두고 전개될 수밖에 없다! 그렇다면, 한국의 전통 사유와 서양의 교육 이론은 '대대(待對)'와 '교착(交錯)'을 필연적으로 진행할 수밖에 없다! 그것이 한국 교육의 현재이고, 광장에서 논의되면서 미래로 재생(再生)되는 지속가능성이다.

　　이에, 이 글을 쓰면서 두 가지의 큰 원칙을 정했다. 아래 사항을 염두에 두고 음미하기를 기대한다. 그러면 전통 유학 교육에 관한 새로운 인식이 가능하리라.

　　첫째, 『격몽요결』이라는 조선 성리학의 교육 이론을 서양의 교육 이론에 빗대어 독해한다. 동아시아 유학과 구미(歐美) 철학의 특성상, 이 둘의 조합은 모순 상태가 많다. 천문·지리적 차이를 위시하여 사회문화적 배경, 사상, 논리, 종교, 신관(神觀), 삶의 지향점 등 다양한 측면에서 이질성이 존재한다. 그런 상이성(相異性)에도 불구하고, '교육(敎育)'이라는 화두를 앞에 두면, 인류가 보편적으로 지향하는 인간 성장의 의도가 엿보인다. 이에 고대 그리스의 아리스토텔레스, 근대의 칸트, 몽테뉴, 현대의 화이트헤드, 듀이 등 교육을 언급한 몇몇 사상가들의 목소리를 율곡 이이의 시선에 오버랩해 보았다.

　　둘째, 『격몽요결』의 원문 해독에서, 직역(直譯)을 기본으로 하지만, 어떤 부분에서는 과감하게 의역(意譯)으로 처리했다. '의역'은 단순하게 한문(漢文)의 글자 하나하나를 한글로 바꾸는 작업이 아니다. 문맥과 상황을 고려하여 뜻을 옮기는 일이다. 원문의 특정 용어나 구절에 얽매이지 않고, 전체적인 뜻과 분위기를 살려, 현대적 의미나 시대정신을 담으려고 했다. 그 과정에서 이해를 돕기 위해, ㉮㉯㉰식의 단락도 나누고, 표점의 위치나 번역의 주술 구조나 연결이 원문과 달라지는 경우도 발생하였다. 고유용어가 현대식 개념어로 대체되는 경우도 있다. 인용한 서양 사상가들의 교육론도 이에 준하여 해설하였다.

이런 원칙 아닌 원칙을 제시한 것은, 기존의 연구들, 이른바 '정도(正道)'로 인식되는 '훈고' '의리' '고증'에 이르는 학문 양식을, 가능한 한 두드러지게, 해체하거나 탈피하려는 의도를 담기 위해서이다. 그렇다고 정도를 거부하느냐? 그렇지 않다. 정도가 없으면 외도도 없다! 정도는 그 무엇보다도 존중되어야 한다. 정도를 걷기 위해서는 그것을 수행할 수 있는 '엄밀한 학술 능력'이 요구되기 때문이다. 잘 모르는 상태에서, 함부로 정도를 비난하지 말라! 나는 단지, 과거의 전통 교육을 조금이나마 현대적으로 이해하기 위해, 외도의 방편을 제시했을 뿐이다.

이런 '외도'는 『격몽요결』을 현대 교육으로 재해석하여 이해하려는, '권도'를 가장한 변명일지도 모르겠다. '외도'에 무슨 '오류(誤謬)'가 있겠는가! 이미 바르지 않은 길인데, 잘못 들어선 길이 아닌가! 그래도 수긍할 수 있는 부분이 있다면, 널리 참고하기를 갈망한다. 그러나 어떤 부분에서건, 잘못이 있다면, 그것은 전적으로 나의 책임이다.

마지막으로, 1970년대 이후 지금까지, 『격몽요결』의 번역이나 해설을 진행해 온 선배 학자들과 현재의 유학 연구자들에게 고마운 마음을 다시 전한다. 그들의 작업은 언제나 『격몽요결』 탐구의 든든한 후원자이다. 또한, 어려운 시기에 출판을 맡아주신, 우물이 있는 집 강완구 대표에게 깊이 감사한다. 아울러, 함께 많은 시간을 보내지 못하여 늘 미안하지만, 이번에 석사학위를 마치고 박사과정에 진학한 큰딸과 계약직 교사로 근무하며 석사논문을 준비 중인 작은 딸에게, 못난 아버지의 마음을 전한다.

가장 큰 사랑은 무언(無言)의 대화에서 피어나리라!

2026년 2월, 입춘(立春)을 지나며

　　　　　안동 시우실(時雨室) 망천서재(輞川書齋)에서 신창호

1. '격몽(擊蒙)'의 의미 맥락

1-1

'격몽요결(擊蒙要訣)'은 문자 그대로 이해하면, '어리석음을 깨트리는 요긴한 비결'이다. 달리 말하면, '어리석은 사람을 깨우쳐, 올바른 사람으로 만드는, 교육'과 연관된다. 별도의 생각을 개입하지 않고, 다시 보자! 율곡(栗谷) 이이(李珥, 1536~1584)의 저술인『격몽요결』! 그것은 어리석은 사람을 현명한 사람으로, 무지한 인간을 유식한 인간으로, 멍청한 존재를 똑똑한 사람으로 양성하려는, 조선의 교육 지침서였다.

그러나 차원을 달리하는 지점을 확인할 필요가 있다. 그래야 오해가 없으리라.『격몽요결』은 단순한 교육 이상의 의미를 포괄한다. 여기에는 사람을 이해(理解)하고, 인간을 연수(研修)하며, 사회를 체계적으로 질서(秩序) 잡으려는 강력한 의지가 깃들어 있다.

1-2

'몽(蒙)'은 '무지몽매(無知蒙昧)'라는 말에서도 감지할 수 있듯이, 일반적으로 '지식이 없고 사리에 어둡다!' 또는 그냥 '어리석다!'라는 의미로 자주 쓰인다. 하지만 '어리석다!'라는 말은 '우공이산(愚公移山)'이나 '우문우답(愚問愚答)'과 같은 용어에서 확인할 수 있듯이, '우(愚)'라는 글자로 표현되는 경우가 많다. 그것은 '몽(蒙)'이라는 글자가 '어리석다'라는 말로 쓰일 때, '우(愚)'와 유사하거나 동일한 뜻이기도 하지만, 그 이상의 심오한 의미와 삶의 맥락이 내포되어 있음을 시사한다.

'몽(蒙)'은 '艹(풀 초)'와 '冡(덮어쓸 몽)'이 결합해 있는 글자이다. 갑골문에서 '몽(蒙)'은 사람의 머리에 무언가가 '덮여 씌어져' 있는 모습이다. 그것은 '머리에 수건과 같은 천으로 둘러싸서 눈을 가리고 있는 형태'이다. 눈이 가려져 있기에 볼 수 없고, 볼 수 없는 만큼 세상에 대해 어둡다는 의미가 개입된다. 이 지점에서 '몽'의 원초적 의미를 정확히 지적해야 한다. '어리석다'라는 의미로 전환되기 전, 그것은 '무언가에 의해 덮여 있는', 즉 '덮다' 또는 '덮여 씌우다' '덮여 쓰다' '덮어 가리다'라는 뜻이었다. 일반적으로 말하는 '어리석다=모른다=무지하다=무식하다=사리에 어둡다' 등등의 의미와는 거리를 두는, 미묘한 특성이 존재한다.

1-3

'격몽(擊蒙)'이라는 말은 『주역』「몽」괘(卦)의 여섯 번째 효(爻)에 등장한다. 그것은 '몽(蒙)'에 관한 의미와 맥락을 상징적으로 드러낸다.

『주역』 64괘를 우주 자연과 인간 사회의 법칙, 또는 세상과 인생의 희로애락(喜怒哀樂)을 담은 거대한 시스템으로 가정해 보자. 그러면 64괘의 전체적 배치나 괘마다 자리하고 있는 6효의 정돈은 의미심장한 세계를 지시한다. 이런 관점에서, '몽(蒙)'은 어떻게 자리매김 되었을까? 『주역』「서괘전(序卦傳)」에 그 실마리가 있다.

有天地然後, 有萬物生焉.

盈天地之間者, 唯萬物, 故受之以屯.

屯者, 盈也, 屯者, 物之始生也.

物生必蒙, 故受之以蒙.

蒙者, 蒙也, 物之穉也.

物穉不可不養也, 故受之以需.

需者, 飮食之道也.

飮食必有訟, 故受之以訟.

우주 자연의 상징으로 지칭되는 천지(天地), 그것이 먼저 설정된 다음에, 세상의 만물(萬物), 즉 모든 존재가 생겼다. 그래서 하늘을 상징하는 건괘(乾卦)를 첫 번째, 땅을 상징하는 곤괘(坤卦)를 두 번째 자리에 두고, 우주 자연의 바탕으로서 선재(先在)한다는 사실을 적시했다.

우주 자연의 사이 세계에 가득 찬 것은 만물이라는 모든 존재이다. 그러므로 준괘(屯卦)를 세 번째 자리에 두었다. 천지의 선재성을 토대로 하면, 구체적 사물이 처음 생겨나는 태초의 장면을 표현한 것이 준(屯)이다.

준괘에서 '준'이란 '가득 차다'라는 뜻이자, 세상에 사물이라는 존재가 '처음 생겨나는 일'을 가리킨다.

사물이라는 존재가 생겨났을 때, 그것은 반드시 무엇엔가 '덮이고 가려져 있어 어둡다!' 그러므로 몽괘(蒙卦)가 준괘 다음의 네 번째에 자리한다. '몽'이란 '덮여 씌었다'라는 뜻이자, 세상 사물이라는 존재가 벼의 새싹처럼 '어리다'라는 말이다.

세상 사물 가운데 어린 것은 기르지 않을 수 없다! 불가불양(不可不養)! 그러므로 수괘(需卦)가 몽괘 다음의 다섯 번째에 자리한다.

'수'라는 것은 마시고 먹는 방식에 관한 도리를 나타낸다. 이제부터가 문제이다. 먹고 마시는 일과 관계될 때, 인간 사회에는 욕망이 발현한다. 욕망은 경쟁과 갈등을 불러일으키고, 그것은 반드시 송사(訟事)를 야기한다. 그러므로 송괘가 수괘 다음의 여섯 번째에 자리한다.

1-4

'건(乾)-곤(坤)-준(屯)-몽(蒙)-수(需)'로 이어지는 64괘의 순서는, 원초적으로 우주 자연의 상징인 '천지(天地)'를 바탕으로 한다. 그리고 그 사이 세계에, 만물(萬物)이라는 모든 존재가 살고 있다. 사물들은, 존재의 본질에 따라, 일상(日常)을 통해 동정(動靜)의 운동 법칙을 구현한다. 인간 사회도 그런 이치와 도리를 따라 삶을 체계적으로 이끈다. 그것이 우주 자연과 인간 사회가 어우러지는 질서이다.

『주역』의 네 번째 괘인 〈몽(蒙☶)〉은, 세상에 사물이라는 존재가 처음 생겨나서 '덮이고 가려져 있어 어두운 때', 벼의 새싹처럼 '어린' 존재를 처리하는 방식이다. 특히, 인간 사회가 지향해야 할 삶의 기초에 관한 밑그림이다. 그것은 '어린 것은 기르지 않을 수 없다!'라는 '불가불양(不可不養)'으로 이어진다. 그렇다면, 본격적으로 기르기 전에 깨달아야 할 인생의 원리는 무엇인가? 〈몽괘〉의 지시는 엄숙하다.

〈몽괘〉의 형태를 보면, 위의 괘는 간(艮☶:山)이고 아래 괘는 감(坎☵:水)이다. 그래서 이를 '산수몽(山水蒙)'이라고 한다. 괘의 뜻을 나타내는 원문은 다음과 같다.

蒙, 亨. 匪我求童蒙, 童蒙求我. 初筮告. 再三瀆, 瀆則不告. 利貞.

이 짧은 메시지를 풀어서 이해하다 보면, '몽(蒙)'을 처리하는 삶의 양식을 고민할 수 있다.

몽(蒙:☶)은 조금씩 자라나서 쭉쭉 뻗어나갈 가능성을 지니고 있다. 무언가에 덮여 가려져 있는 철부지의 경우, 어떤 형태이건, 꼼지락거리면서 삶의 의지를 드러낸다. 아직은 가려져 덮여 있는 부분을 깨닫지는 못하지만, 꼼지락거림 가운데 깨달음의 싹을 틔운다. 인생을 영위할 자세를 갖추려는 몸부림이다.

이때, 인간 사회의 관계를 눈여겨보아야 한다. 어른인 나는 '이미' 세상에 대해 상당 부분 깨우치고 있다. 그런데 철부지는 '아직' 아무것도 모르는 상태이다. 어떻게 해야 하는가? 진리나 이치, 법칙이 이렇게 간단하다! 내가 철부지에게 배움을 구하지는 않는다. 철부지가 나에게 배움을 요청해야 한다. 그것이 선차적이고 기본이다. 처음에는 삶의 방향에 대해, 진지하게 알려준다. 하지만, 아무 노력도 하지 않고, 두 번 세 번 알려달라고만 졸라댄다.

어디 다시 보자. 이런 녀석을 어떻게 할 것인가? 무조건 알려달라고? 그런, 억지, 생떼를 쓴다면, 아직은 어려서 모르겠지만, 종국적으로, 그것은 자신의 인생을 욕되게 만드는 짓이다. 인생을 욕되게 만드는 태도로 일관하려는, 싹수가 노랗다면, 알려주지 않는다. 어두운 자신을 밝게 만들어 나갈 때, 처음부터 마음가짐을 곧고 바르게 가져야 하지 않을까? 인생의 순항을 생각하라!

세상에는, 무언가에 덮여 씌어져 사물이나 법칙을 제대로 파악하지 못하는 사람이 많다! 그렇다고 그들이 모두 나쁜 사람이라는 말은 결단코 아니다. 그들은 부정부패로 얼룩진 사람도 아니다. 정의롭지 못한 사람도 아니다.

다만, '덮여 씌어져 있는 원초적 상황'이 문제이다. 덮여 씌어져 있는 사태는 기본적으로 '덮여 가려져 있다!'라는 한계를 적시(摘示)할 뿐, 그 어떤 선악(善惡)의 가치를 우선으로 내세우는 현실을 말하는 것이 아니다. 갓 태어난 아이나 아직 인지 능력이 발달하지 않은 어린아이를 보라. '유치(幼稚)'라는 말이 '어리석다'라는 의미로 전환되기 전, '어린아이'라는 개념 자체에 무슨 부정적 의미가 가득한가! 그저 순진(純眞)하고 천진난만(天眞爛漫)할 뿐이지.

다시, 간단하게 생각해 보자. 아직 세상을 알지 못하는 어린이나 무언가에 가려 세상을 제대로 바라보지 못하는 존재들이 있다. 흔히 말하는 무지몽매한 사람이나 지혜가 아직 발달하지 않은 인간들이 있다. 이들은 지혜로운 사람을 찾아가서 올바른 삶의 방향에 관한 조언을 구해야 하지 않을까? 아니, 꼭 그래야만 한다. 무엇보다도 '몽(蒙)'한 자신의 현실태를 먼저 깨닫고, 깨치고, 현명한 존재로 성장한 사람이 성실하게 일러주는 삶의 태도에 대해, 진지하게 고민하며 받아들여야 한다. 대충, 스쳐 지나가는 말처럼, 불성실한 자세로 흘려들어서는 곤란하다. 덮여 씌어져 있는, 가리어지거나 막혀있는 몽매한 마음을 탁 트이게 만들어야 한다. 자신을 씌우고 있는 것과 가리고 있는 것, 막고 있는 것들을 걷어 내야, 자신을 드러내고 세상에 나아갈 수 있다. 그 실마리는, 다른 사람의 말을 경청하며 충실하게 자신의 마음을 다지는 일이다.

1-5

『격몽요결』을 독해하면서, 율곡 이이와 동시대인 1500년대를 살았던 철학자의 사유를 들추어 보았다. 다름 아닌, 몽테뉴(Michel Eyquem de Montaigne, 1533~1592)이다. 몽테뉴의『수상록』가운데「학식이 있음을 자랑함에 대하여」라는 단상(斷想)이 있다. 이 글이 율곡의『격몽요결』과 직접적으로 어떤 상관이 있는 것은 아니다. 그냥, 재미있게, 우스갯소리로 말하면, 몽테뉴의 '몽'과 몽괘의 '몽'이 같은 발음 아닌가!

「학식이 있음을 자랑함에 대하여」라는 글을 보면서, 지식인의 무용(無用)과 유용(有用)의 사이를 가로지르는 무엇이 스친다. 문득, '몽(蒙)'을 해석하고, 그 의미를 풍부하게 만드는 데 조언할 수 있는 언표가 되지 않을까?'라는 생각이 엄습했다. 몽테뉴의 말 가운데 몇몇 언표를 군데군데 발췌하며 독해해 본다.

"나는 특히 현학적 지식을 미워한다!"라고 뒤 벨레(Joachim du Bellay, 1522~1560)가 말했듯이, 학식이 있다고 자랑하는 자들은 상당수가 현학적 지식을 늘어놓는다. 그렇게도 많은 사물에 관해 풍부한 지식을 확보한 인물이, 어째서 더 생기(生氣) 있고 사리(事理)에 밝아지지 않는가? 천하고 상스럽고 비속한 인간이, 세상에서 가장 탁월한 사상과 판단력을 지니고 있으면서도 그 자격이 개선되지 않는가? 참으로 의문이 아닐 수 없다!

가만히 생각해 보니, 그것은 다른 사람들의 강력하고 위대한 지식을 너무 많이 받아들인 데 기인한다. 남의 지식을 받아들이다가, 오히려 그것에 밀려, 자기 판단력은 짓눌리고 억압되어 오그라져 버렸다. 식물은 습기가 너무 많으면 질식하여 죽는다. 등잔불을 켤 때 기름이 넘칠 정도로 가득하면 불이 꺼진다. 나는 그렇게 말하고 싶다. 현학적 지식을 늘어놓는 인간들의 정신 작용에 그런 것이 어른거린다. 공부와 지식과 재료가 지나치면, 아는 일이 잡다하게 많아져, 거기에만 사로잡힌다. 당혹감이 밀려온다. 사리(事理)를 풀어볼 방법을 잃고, 이 잡다한 지식의 무게로 인해, 그들은 허리가 굽어진 곱사처럼 된다.

그러나 '덮여 가리어진 것'을 걷어 내고, 깨달음을 얻는 일은 그렇지 않다! 인간의 심령(心靈)은 속이 찰수록 커진다. 일상의 일을 처리하는 데 능숙한 인물들과 위대한 장수들, 그리고 나랏일을 자문했던 국가의 고문관들은 모두 학식이 풍부했다. 그들에게 실제 소송 사건의 문제나 인간의 행동에 관해 심판을 맡겨보라. 그들은 기다리고 있었다는 듯이, 현명하게 처리한다.

'유레카(Eureka)!'라고 외쳤다는 아르키메데스(Archimedes)의 경우, 자기 나라의 국토방위를 위해, 잠시 자신의 학문 연구를 제쳐 두고, 그 일부를 실천에 옮겼다. 사람들이 상상해 볼 수도 없는 무서운 기계를 발명하여 가동했다. 물론, 그 자신은 자기가 만들어낸 기계들을 경멸하며, 자기 학술의 존엄을 타락시켰다고 생각했다. 그는 이 기계를 자기의 학문 실습이며 장난감으로밖에 보지 않았다. 하지만 사람들이 그 학문을 실제로 행동하여 시행해 보면 어떤 결과를 가져올까? 그들은 날개가 돋쳐 높이 하늘을 날 듯, 사물들에 관한 지식으로 그들의 마음과 심령이 경탄할 만큼 커지고, 풍부해졌음을 보여 주었다.

그런데 문제가 있다. 가만히 생각해 보니, 지금까지 우리가 공부해 온 방식에 한계가 드러났다. 정말 돌이킬 수 없을 정도로 멍청하다. 학생들이나 선생들이 아무리 공부를 열심히 하여 박학(博學)해지더라도, 더 이상의 발전이나 숙련성을 기대하기는 힘들다! 부모들의 근심과 노력은 자식들의 머리를 지식으로 채우는 것뿐이다. 판단력과 도덕에 관해서는 관심이 적다!

  길을 가는 사람에게 '오, 학자님!'하고, 크게 소리쳐보라. 또 다른 사람에게는 '오, 착하신 분!'하고, 조용하게 말해 보라. 어떤 반응이 나올까? 첫 번째 사람에게, 존경하는 마음이 샘 솟구치듯 하여, 선뜻 그쪽으로 고개를 돌리지는 않으리라. 어떻게 해야 할까? 세 번째 사람이 나와서 '오, 양아치 같은 놈들!'이라고 소리를 쳐야 하는가! 사람들은 곧잘 물어보곤 한다. '저 사람, 외국어를 잘 하나?' '글은 잘 쓰나?' 등등, 교양 지식을 갖춘 인간인지의 여부를 확인한다. 그러나 정말 중요한 문제에 대해서는 소홀히 한다. 아니, 소홀 정도가 아니다. 아예 맹탕이다. 사람들이 이전에 비해 더 나아졌는지 총명해졌는지가 핵심인데, 이런 문제는 뒤로 돌린다. '더 많이 아느냐?'보다 '더 잘, 제대로, 정확하게 아느냐?'를 물어보아야 하지 않는가!

  사람들이 공부하는 모습을 보라. 기억력을 채울 생각만 한다. 이해력과 양심은 빈 채로 둔다. 새들이 모이를 찾으러 나가서, 그 모이를 새끼에게 먹이려고 하면서도, 맛도 보지 않고 입에 물고 오는 것과 똑같이, 선생들은 여러 책에서 지식을 쪼아다가 입술 끝에만 얹어주고, 뱉어서 바람에 날려 보내는 짓밖에는 하지 않는다. 이 어리석은 수작이 얼마나 들어맞을까! 그것이 교육의 대부분을 차지하다니, 참으로 놀라운 일이다.

  인간은 현재의 지식으로만 배우는 것 같다. 과거의 것은 미래의 것과 똑같이 지식이 되지 않는다고 생각하는 것은 아닐까? 그런데 더욱 언짢은 일이 일상에서 펼쳐진다. 학생들은 선생들이 가르쳐주는 지식을 소화해서 자기의 피와 살로 만들지 않는다. 오로지 자랑거리로, 지식을 남에게 보여 주고 말해 보는 것을 목적으로 할 뿐이다. 그

외에 아무것도 없다. 계산해 보고 내던지는 것 이외에, 다른 곳에는 쓸모가 없는 모형 화폐처럼, 지식이 이 손에서 저 손으로 넘어가기만 한다. 키케로(Marcus Tullius Cicero, B.C.106~B.C.43)가 말했듯이, "그들은 자신에게 말하는 것이 아니다. 타인들에게 하는 화법(話法)을 배웠다!"

많은 존재가 다른 사람들의 의견과 지식을 받아 담는다. 그것뿐이다. 지식은 내 것으로 만들어야 한다. 불이 필요해서 이웃집에 불을 얻으러 간 사람은 어떻게 해야 하는가? 불을 빌려와야 하지 않는가! 그런데 사람들은 이웃집에 따뜻하게 피어오르는 불을 보고, 그곳에 멈춰서 불을 쬐다가, '불을 얻어온다'라는 사실을 잊어버린다. 뱃속에 아무리 음식물을 잔뜩 채워보았자, 무엇하겠는가! 음식물이 소화되지 않고 몸속에서 변화를 거치지 않으면 의미가 없듯이, 사람을 더 키워주고 힘을 주지 않으면, 무슨 소용이 있는가? 너무 심하게 다른 사람의 팔에 매달려 다닌다. 그러다 결국은 자신의 힘마저 없어지고 만다.

글에 얻어맞은 자! 그들은 대부분의 시간을 상식 이하의 생각에 잠겨 있기 일쑤이다. 농사에 매진하는 농민이나 구두를 수선하는 장인은 단순하고 순박하게 살아가며 자기가 아는 대로 말한다. 그런데 배웠다고 하는, 머릿속에 온통 먹물로 가득한 자들을 보라! 공통의 껍데기에 떠도는 지식으로 무장하고, 잘난 체하느라고 줄곧 말이 막히고, 자기 말에 모순이 일어나면서 스스로 얽히고 만다. 그들은 멋진 말을 내놓기도 하지만, 그것을 활용하는 것은 다른 사람들이다.

고대 그리스의 여러 고전을 번역한, 투르네부스(Adrianus Turnebus, 1512~1565)의 삶을 눈여겨볼 필요가 있다. 그는 글밖에 배운 것이 없었다. 몽테뉴보다 불과 20여 세 많았지만, 몽테뉴는 그를 무척 존경했다. '천년 이래 가장 위대한 인간으로 보인다!'라고 했을 정도니까. 그의 옷차림과 외면적 태도로 보면, 투르네부스는 전혀 학자처럼 보이지 않았다. 아예, 학자티가 거의 없었다. 당시 고위 관직에 있던 사람들처럼 깨인 멋도, 세련미를 더한 옷차림새도 하고 다니지 않았다. 하지만 그것은 아무것도 아니었다. 몽테뉴가 아주 싫어한 것은 딴 데 있었다. 마음이 비뚤어진 자들! 그들은 옷차림이 신분에 걸맞지 않은 것을 참지 못하고, 몸치장이나 악세사리, 구두 따위를 보고 인물이 '어뗘어뗘하다!'라고 평가한다. 이게 진정한 학자들이나 지성인, 교양인의 태도인가!

몽테뉴가 보기에, 투르네부스는 그 마음이 세상에서 가장 세련된 인간이다. 그는 일상에서 하는 일은 물론이고, 습관적으로 하는 일과 관계없는 일에 대해 화제 삼아 얘기하더라도, 재빠르게 이해하고 건전하게 판단했다. 국가의 일이나 전쟁과 같은 주요한 사안 이외에 다른 일을 하지 않은 사람처럼, 핵심을 분명하게 꿰뚫어 보고 있었다. 이런 인물은 천성이 훌륭하고 강하다!

교육은 인간 사회를 타락시키지 않는 것만으로는 충분하지 않다. 교육은 우리 사회를 보다 낫게 변화 시켜주어야 한다. 다음과 같은 고대 그리스의 시구(詩句)가 있다.

마음에 들어 있지 않은 지식, 그것은 아무것도 아니다!

어떤 사람이 무지몽매에서 벗어나려고 몸부림치고 있다. 그런데 이해력이 없을 때, 학문이 소용 있을까? 학문은 마음에 매어져서는 안 된다. 마음과 합쳐져 하나가 되도록 해야 한다. 마구 퍼부어 대서는 안 된다. 학문으로 마음을 물들여 주어야 한다. 마음이 바뀌어, 그 불

완전한 상태를 좋게 만들어 주는 작업이 아니면, 확실하게 그만두라! 그편이 훨씬 낫다. 학문은 마음이 약하고, 그것을 사용할 줄 모르는 자의 손에 들어가면, 위험한 무기로 돌변한다. 그 주인의 인생에 훼방을 놓으며 손해를 끼친다. 명심하라! 선(善)에 대한 지식이 없는 사람에게, 다른 모든 지식은 유해(有害)하다!

1-6

몽테뉴의 고심을 기억하면서, 다시 '몽'과 '몽괘'를 돌아본다.

'몽(蒙)'이라는 글자 모양을 식물들의 생태에 비유하면, 만초(蔓草)가 무성하여 나무를 뒤덮은 모습이다. '만초'는 쭉쭉 뻗어나간 거친 풀, 즉 '덩굴풀'이다. 덩굴풀이 나무를 휘돌아 감고 나무의 몸통을 덮고 있다. 그러므로 나무는 뒤덮여 있는 만큼 가려져 잘 보이지 않는다. 여기에서 '덮다' '덮어 쓰다' '입히다' '어둡다' '어리석다'라는 의미가 생겨났다.

중국 고대의 자전(字典)인 『이아(爾雅)』「석초(釋草)」에는 다음과 같이 풀이해 놓았다. 몽(蒙)은 '왕녀(王女)'이다. '왕녀'는 '여라(女蘿)'의 큰 것이다. '여라'는 '소나무의 겨우살이'이다. 소나무의 겨우살이는 소나무에 붙어 사는 기생식물인데, 그 큰 것이라고 했으니, 어떤 형상이겠는가? 겨우살이의 덩굴이 무성하여 소나무 가지가 덮여 보이지 않게 되었다. 이후, 이런 상태를 보고, '몽(蒙)'의 의미가 전용되었다. '사물의 위가 덮여 잘 보이지 않는다!'라는 뜻의 '덮다', 또는 '어둡다'로 쓰인 것이다. 그리고 다시, 그 의미가 확대되어, '어리석다' '무지몽매하다'라는 말로 보편성을 띠었으리라.

'몽(蒙)'을 보다 엄밀하게 확인하고 정돈하기 위해, 심사숙고해야 할 부분이 있다. '어둡다'와 '어리석다'의 차원이다. 이 두 말의 동질성과 이질성을 적극적으로 파헤쳐야, 유학이 교육이나 학습에 던지는 최고 화두의 본질이 드러난다. 다시 고심해 보자!

㉮ '사물이 무언가에 덮여 가려져 있다. 그래서 어둡다!'
㉯ '뭘 잘 몰라서 어리석다! 무지몽매하다!'

이 두 표현은 근원을 달리한다. ㉮는 '사물 자체' 또는 '인간'이, 무언가에 '덮여' '가려져' 또는 '씌어' 있어서, '그것으로 인해 어둡다!'라는 의미이다. '본질적으로, 또는 근원적으로 어둡다!'라는 말이 아니다. 이는 '본래부터 어둡다!'라는 뜻과는 차원이 다르다. 원초적으로 본연의 자연성, 그 자체가 어둡지 않은, 선(善)의 세계를 고스란히 간직하고 있다.

그런데 ㉯는 뉘앙스를 달리한다. '몽(蒙)'의 글자 모습, 그 유래에서도 보았지만, ㉮는 모든 사물에 해당할 수 있다. 하지만 ㉯는 '어리석다'라는 의미로 확장되면서, '어리석음이 삶의 중심에 있는 존재들'의 전유물이다. 어쩌면 인간에게만 적용되는 언표일 수도 있다. 사회를 중심으로 이해할 때, ㉯는 인간의 '현(賢)·우(愚)'라는 가치체계와 깊이 연관된다. 인간에게 '똑똑함'과 '어리석음'은, 그 확보의 정도나 상황에 따라 인생의 양상이 다르게 드러날 수 있다. 이런 점에서 '어리석음'을 처리하는 방식은, 인간 사회를 살아가는 삶의 지배적 중심이다. 그만큼 '어리석음'은 삶에서 없애야 하는 배제의 대상이다. 인간이 자체 평가를 할 때, 최하의 가치 척도가 된다.

인간 사회의 속성을 보라. 상식적으로 알아야 하는 사안을 모르고 있을 때, 사람들은 비난과 조롱의 대명사로 '어리석다!'라고 표현한다. 이는 선천적으로, 또는 본질적으로, 나아가 후천적으로 '게으름' 소홀함' '부주의' 등으로 인해, '무지몽매를 초래했다'라는 ㉮와는 다른 양식의 어두운 그림자를 이입한 것이다.

'몽(蒙)'을 인간 사회의 문제로 끌어들이면, 이제, 두 측면의 강조점이 부각된다. 그것은 '인간을 어떻게 이해하느냐?'라는 인간관(人間觀)으로 이어진다. 달리 말하면, 인간의 본성 또는 본질이 '어둡다'라는 데 대한 해석의 문제이기도 하다. ㉮는 '인간의 본질은 선하다!' 그런데 '무언가에 덮여 가려져 있다!'에 방점을 둔다. ㉯는 '인간은 어떤 요인으로 인해, 어리석어졌다!' '어리석음을 자초(自招)했다!'라는 느낌이 강하다. ㉮와 ㉯는 외부로부터 덮여 가려져 있건, 내부로부터 어리석음을 자초했건, '어둡다!'라는 공통분모를 남긴다.

문제는 '어둡다'라는, 이 본질적 사태를 처리하는 방식이다. 그 속으로 깊숙하게 스며들어 간 것이 왕정(王政) 시대의 '정교(政敎)'라는 통치 양식이다. 정교(正敎)는 '정치(政治)'와 '교화(敎化)'이다. 정치와 교화는 지혜의 화신인 '군주(君主)'가 어두움의 본령인 '백성(百姓)'을 통치하는 양식의 통칭이다. 그것은 '학문'하는 동기에 깊이 관여하고, 현대적 의미의 교육이나 학습, 이른바 '공부(工夫)'라고 말하는 삶의 저변이 된다.

반복되지만, '몽(蒙)'의 본래 의미, 또는 글자의 형상대로 돌아가, 다시 생각해 본다. '몽(蒙)'은 본연적으로 '어둡고 어리석다'라는 의미가 아니다. 그냥 '자연 그대로'일 뿐이다. 사물을 덮고 있는 덩굴풀을 걷어 내면, 사물 본래의 자연(自然: self-so), 스스로 그러한 모습, '자신(自身)'이 나타난다. 소나무 가지를 덮고 있던 겨우살이를 걷어 내면, 소나무 가지가 제 모습을 드러낸다. 그렇지 않은가! 너무나 단순하고, 논리적으로도 명쾌한 해명! 더 이상의 설명이 필요한가?

그러기에, 이 글의 본론에서 다룰 '격몽(擊蒙)'의 '몽(蒙)'도 기본적으로 이런 논리에 충실할 필요가 있다. 그렇다고 '어리석다'라는 의미를 배제할 수는 없다. 뉘앙스의 차이는 있지만, 이미 우리 언어의 보편성 속에서 동일한 개념으로 사용되고 있기 때문이다. 그러나 기본은 '몽'의 본래 의미인 '어둡다' 또는 '덮여서 가려 있다'를 기준으로, '격몽'을 해명해야, 본질을 구명하는데 보다 정확하게 접근할 수 있다.

다시 확인하지만, 이런 의식에 기초한 〈몽(蒙:䷃)〉의 모습은 팔괘(八卦)를 기준으로 볼 때, 산과 물의 조합이다. 위의 괘는 '간(艮:☶)'이고 아래 괘는 '감(坎:☵)'이다. 간(艮)은 산(山)을 나타내고 감(坎)은 물〔水〕를 상징한다. 그래서 이 괘를 '산수몽(山水蒙)'이라 일컫는다.

앞에서 언급한 것처럼, '몽'을 무언가에 '덮여 씌어 가려져 있다!'라는 의미를 중심에 두고, 전후 맥락을 맞추면, '덮여 있는 것을 걷어 낸다!'라는 차원을 상정할 수 있다. 그것은 현재 상황에서는 덮여 있어 어두운 무지몽매함을, 점차로 걷어 내고 깨우쳐 나가려는 '발전 가능성'을 보인다. 다름 아닌, '진보(進步)의 의지(意志)'이다. 자기 계발, 또는 발전하려는 뜻을 품은, 그런 차원에서 '진보의 의지(The Will to Progress)'이다.

'덮여 씌어져 있는' 무지(無知)는, 배우지 않았기 때문에 발생하는 무식한 무지가 아니다. 단순하게 무엇을 몰라서 사리(事理)에 어두운, 몽매(蒙昧)한 상황을 뜻하지 않는다. 원래의 본성, 즉 잠재력(潛在力)이 덮여 가려져 있을 뿐이다. 덮여 있는 상황은, 걷어 낼 가능성을 전제하거나 예고한다. 그것에서 벗어나는 순간, 잠재력은 이내 펼쳐진다. 역설적으로 말하면, '어둡다' '덮여 있다' '가려져 있다'라는 등등, 무지(無知)를 나타내는 표현은, 이미 발전 가능성의 다른 이름이다! 희망의 산실(The breeding ground of hope)이다!

「서괘전」에서 보여 준 것처럼, '발전 가능성', 또는 '진보의 의지'는 〈몽(蒙:☶☵)〉을 〈준(屯:☵☳)〉 다음에 배치한 이유에서 구체적으로 드러난다. 준(屯)은 가득함이자 사물이 처음 생기는 형국이다. 사물이 처음 생길 때는 반드시 어리다. 그 때문에 몽괘로 이어받았다. 몽(蒙)은 어린것을 말하는데, 특히, 사물이 어린 상황이다. 그만큼 사물이 처음 생겨난 것을 상징한다. 사물이 처음 생겨나면 아주 여리고 작다. 무언가에 덮여 있어 몽매하고 계발되지 않았다. 그것이 몽괘가 준괘 다음에 있는 까닭이다.

다시, 괘의 모양을 보자. 몽괘는 산(山:艮 ☶)이 위에 있고 물(水:坎 ☵)이 아래에 자리한다. 간(艮)은 산을 나타내면서 '그치다'라는 뜻을 담고 있다. 감(坎)은 물을 상징하면서 '험하다'라는 뜻을 품고 있다. 그냥 상식적으로 산과 물의 형상을 그려보면 이해하기 쉽다. 산은, 우뚝 솟아, 육중하게, 그냥 떡 '버티고 앉아' 있다. 버티고 앉아 있는 모양은 움직임이 아니라 정지한 상황이다. 사방 어디에서 보건, 변함없이, 그 자리에 '그치고' 있는 모습이다. 반면, 물은 흘러가는 사물이다. 물의 흐름은 샘에서 바다에 이르기까지, 아주 가는 줄기에서 세찬 물살로 이어지는, 험한 것을 만들어 나가는 속성을 지닌다. 그래서 험하다고 한다. 이 하늘과 땅 사이에, 저 '산'과 '물'의 조합!, '그치다＋험하다'라는 이미지가 중첩되는, '몽(蒙)'은 무엇을 상징적으로 보여 주려는 걸까?

〈몽괘〉는 근원적 화두를 던진다. 그쳐서 자리하고 있는 산 아래에 험한 물이 있다. 험한 것으로 상징되는 물을 만나 그쳤다. 어디로 가야 하는가? 알지 못하는 상황에서 어리둥절하다. 헤매고 있다. 그것으로 끝인가! 결단코 아니다! 물은 샘에서 나와 반드시 바다로 흘러간다. 그것이 원리이자 이치이다. 하지만, 예외는 어김없이 벌어진다. 획일적으로 빚어내는 기계적 현상이 아닌 이상, 인간 세상의 모든 일이 그렇다. 보편적 원칙과 원리는 기준이나 표준, 또는 기본이나 평균이라는 이름으로 편리성을 제시한다. 하지만 그것이 절대적 진리는 아니다. 물은 흘러가는 도중에 헤아릴 수 없는 수많은 사태에 직면한다. 문제상황(問題狀況: problem situation)이 한둘이 아니다. 샘에서 흘러나오지도 못한 채 말라버리는 물도 있고, 땅속으로 스며드는 물, 중간에 증발하는 물, 온갖 흙탕물을 담아내며 바다에 이르는 물! 형용하기 힘들 정도의 다양한 물의 형상이 세상에 존재한다.

그럼, 이제 처음, 막 스며 나오기 시작한 물은 무엇인가? 어떤 몸부림이 있어야 할까? 덮여 가려져 있다는 어두움으로 상징되듯이, 샘에서 조금씩 적셔지기만 한다. 아직 갈 곳도 없다. 헷갈린다. 이 뭣 꼬! 아직은 미약하지만, 그 몽매함 가운데는, 꼼지락대고 꿈틀대며 흘러나아가려는 의지가 움튼다. 그 힘은 쭉 뻗어나가는 전진(前進)의 활력(活力: Vitality)을 잠재하고 있다.

1-7

『구약성서』「욥기」에 의미심장한 표현이 등장한다. 기독교인은 물론 비기독교인조차도 많이 알고 있고, 일상에서 흔히 쓰는 말이다.

처음 시작은 미약(微弱)하나 끝은 창대(昌大)하리라!
Though thy beginning was small, yet thy latter end should greatly increase!

요셉 엑셀(Joseph s. Exell, 1849~1909)이 책임 편집한 『신구약강해설교연구대계』를 훑어보았다. 신관(神觀)의 차이를 비롯한 여러 요인으로 의해, 이 언표와 '몽(蒙)'의 의미가 동일할 수는 없다. 하지만 몽(蒙)의 맥락을 이해하는 데는 상당한 깨달음을 안겨준다. 어떤 측면에서는 놀라울 정도로 논리적 형식이 유사하다.

「욥기」 8장 7절의, 이 짧은 문구에 대한 해설에는 「신실(信實)한 자의 최후」라는 소제목이 붙어 있다. 신실한 자! 즉 '믿음직하고 착실한 사람'의 인생 마무리는 어떠할까?

'처음 시작은 미약하나 끝은 창대(昌大)하리라!' 이 말은 수아 사람 빌닷이 관찰한 신실한 자가 겪게 되는 삶의 여정(旅程)을 빗대어서 한 표현이다. 빌닷은 욥이 어떤 측면으로 보나 '정직하지 않은 자'라는 것을 증명해 보이려고 하였다. 이유는 간단하다. 욥이 정직한 사람이라면 그의 부귀영화는 계속되었을 것이고, 그가 어려움에 빠지게 되었다면, 하나님은 즉시 그를 어려움에서 건져 번영하게 만들었을 것이라는 확신 때문이다.

그것은 「욥기」 8장 5~7절에 기록된 빌닷의 말에서 잘 나타난다. 그러나 본문에 드러난 빌닷과 욥을 위로하러 왔던 친구 엘리바스와 소발의 언행은 오히려 욥의 상처를 더욱 깊게 만들었다. 자신들이 의도했던 그대로 욥에게 큰 위로를 주지 못했다. 그들은 단지 '인간적인 생각'으로만 말했기 때문이다.

그러나 「욥기」 8장 7절의 언표만을 따로 떼어 놓고 생각해 본다면, 이 언표야말로 하나님의 참된 진리(眞理)가 함축된 말씀이다. 즉 물리적으로 빌닷이 욥에게 한 말이 아니라, 『성서』의 다른 어떤 구절에서도 찾아볼 수 없는 말씀으로, 「욥기」의 모든 사건이 증명하고 있는 진리의 말씀이다. 왜냐? 욥은 그의 후대에 이르러, 결국 매우 창대(昌大)하였기 때문이다.

사악한 일의 경우, 처음 시작은 잘 진행되는 것처럼 보인다. 하지만, 반드시 그 결과는 좋지 않게 된다. 선(善)한 일은 그렇지 않다. 선한 일은, 처음 시작이 매우 미약할지라도, 끝은 그 무엇과도 비교할 수 없을 정도로 창대하다. 「잠언」 4장 18절에서 언급했듯이, 선한 일은 의인(義人)의 길을 돕는 햇볕과도 같다. 맨 처음에는 아주 가느다란 몇 개의 빛줄기만을 뿌린다. 그 빛줄기는 어둠과 싸움을 계속한다. 그러다가 점점 빛나서 원만한 광명에 이르게 된다. 다시 말하면, 선한 일은 '최후의 영광을 위하여' 항상 전진하고 있다.

이런 차원에서 인간은 두려움을 떨쳐 버려야 한다. 많은 사람들이 다음과 같이 말하고 싶어 할 것이다. '나는 주님의 은혜에 대해서는 초보자에 불과합니다. 그런 만큼, 자주 여러 가지 걱정 근심에 휩싸이고 소심해지곤 합니다.'

이와 같은 인간의 두려움을 다른 방식으로 표현하면, 다음과 같이 말할 수 있다. '내 신앙의 시작은 너무 미약하여, 언제 시작되었는지조차 말할 수 없습니다. 나는 내가 개심(改心)했는지도 알 수가 없습니다. 그래서 나는 지금까지도 고통의 쓴잔을 마시고 있습니다.'

얼마나 많은 사람들이, 이러한 의심을 품어왔던가! 그러나 힘을 내라! 인간은 언제부터 그리스도를 믿었는지 알기 위해 고심할 필요가 없다! 단지, 인간에게 필요한 것은, 지금 그리스도인이라는 사실을 확신하는 일뿐이다. 언제 그리스도를 자신의 구세주(救世主)로 영접하여 믿음이 시작되었는지, 그 날짜를 명확히 말할 수는 없다. 그렇다 하더라도, 지금 확실한 믿음을 가지고 있다면, 인간은 구원의 반열에 서 있는 것이다. 그러므로 '내가 언제 구원받았는지도 모르게, 구원받았다는 것이 정말일까?'라고 의심하는 사람이 있다면, 빨리 그 의심을 벗어 버려야 한다. 그와 같은 의심을 벗어 버리지 않는 사람이 있다면, 그에게 고대 로마 제국은 절대 성립되지 않았을 것이라고 증명할 수 있다. 왜냐하면 아무리 찬란한 문화를 지녔던 로마라 하더라도, 처음 시작이 어느 때였는지 정확하게 알 수는 없기 때문이다. 더 나아가 인간이 그런 의심을 벗어던지지 못한다면, 이 세계는 절대 만들어지지 않았을 것이라고 주장할 수 있다. 왜냐? 어떤 지질학자(地質學者)도 이 세계가 만들어진 정확한 연대를 말할 수는 없기 때문이다.

이런 부분에 대해, 어떤 소심한 그리스도인은 다음과 같이 자신의 심정을 토로하기도 한다. '나는, 나의 믿음이 언제 시작되었는지 전혀 모릅니다. 그뿐만 아니라, 내가 받는 은혜는 너무나 미약합니다.'

또 어떤 그리스도인은 다음과 같이 말한다. '나는 때때로 내가 너무도 작은 믿음을 갖고 있다고 생각합니다. 그러나 그 작은 믿음마저도 의심(疑心)과 불신(不信), 회의(懷疑)로 뒤범벅되어, 그것이 하나님의 선물이다, 하나님께서 주신 믿음이라고는 생각되지 않습니다.'

그러나 인간은 다음과 같은 사실을 명심해야 한다. 하나님이 어떤 건물을 지을 때, 맨 처음에는 단 하나의 돌을 놓는 것으로 시작했더라도, 언젠가는 반드시 그 건물을 완성한다! 그리스도께서 옷감을 짤 때, 맨 처음에는 인간의 눈으로 식별할 수조차 없는 아주 가는 실로 옷감을 짜기 시작했더라도, 그 옷감을 완성할 때까지, 결코 당신의 손을 멈추지 않는다! 그러므로 인간의 믿음이 아무리 미약해도, 그 믿음이 불변하는 것이라면, 바로 그 불변함이 믿음의 미약함을 보상해 줄 것이다.

또 다른 어떤 그리스도인은 다음과 같이 말할지도 모른다. '나는 은혜가 충만한 삶을 살기를 소망합니다. 그러나 나처럼 작은 믿음을 가진 자가 과연 수년간의 시험을 견뎌낼 수 있을지, 그것이 두렵습니다. 나는 너무 약하기 때문에 단 하나의 유혹도 나에게는 매우 큰 것입니다. 그런 내가 어떻게 무지막지한 적들의 손에 들려 있는 수많은 날카로운 창을 피할 수 있을까요? 단 한 방울의 물도 나를 공포에 떨게 하는데, 내가 어떻게 삶과 죽음의 격동하는 파도를 헤치고 나갈 수 있을까요? 오히려 지옥으로부터, 단 하나의 화살이 날아와 나의 연약한 육체를 꿰뚫어버리도록 하십시오. 사탄이 그의 화살통에 있는 화살을 하나도 남김없이 나를 향해 쏠 때까지, 내가 목숨을 유지하지 않도록 해 주십시오. 나는 분명히 적의 손에 죽임을 당할 것입니다. 나의 처음 시작이 너무나 미약하기 때문에, 나는 언젠가는 끝나는 날이 오리라 확신하고 있습니다. 그 끝은 반드시 깊은 슬픔의 날이 될 것입니다.'

하지만 인간은 '용기'를 잃지 말아야 한다. 무엇보다도 인간은 이런 두려움을 떨쳐 버려야 한다. 누구에게나 그렇듯이, 인간에게는 세상의 많은 유혹이 다가온다. 그 유혹에 애써 걸려 넘어지려 하지 않는 한, 아무런 일도 일어나지 않을 것이다. 하늘나라는 인간의 힘을 통해, 인간에게 주어지는 것이 아니다. 오직 하늘나라를 약속하신 하나님의 큰 권능에 의지할 때, 승리를 통해 쟁취할 수 있다.

어떤 사람은 다음과 같이 말할 것이다. '나는 절대 구원받을 수 없습니다. 왜냐하면 내가 다른 사람들, 즉 하나님이 진실로 사랑하는 자녀들이라고 생각되는 사람들을 바라볼 때면, 나는 내 자신이 그들과 비교할 수도 없을 만큼 부족하다는 것을 알게 되기 때문입니다. 나는 내가 하나님의 형상을 닮기는커녕 그 종(從)의 형상과도 전혀 흡사하지 않다는 생각이 듭니다. 나는 영적(靈的)으로 거의 굶어 죽지 않을 정도의 수준에서 생활합니다. 나는 앞으로 달리기도 하고 때때로 기도도 합니다. 그러나 나는 곧잘 넘어집니다. 또한 다른 사람들은 산을 옮길만한 믿음을 가지고 있지만, 나는 아주 작은 흙무더기에도 걸려 넘어집니다.'

다시, 차근차근 생각해 보자. 하늘에 떠 있는 아주 작은 별은, 가장 밝은 항성인 시리우스(Sirius: 천랑성, 天狼星)나 봄철 밤하늘에 보이는 매우 밝은 아크투르스(Arcturus: 대각성, 大角星)처럼 빛나지 않는다. 그렇다고 해서 별이 아닌가? 그렇게 말할 수 있는가? 이런 주장이 얼마나 어리석은가!

인간에게 주어지는 은혜와 선물의 차이점을 알고 있는가? 그 차이점을 안다면, 은혜와 선물이 어떻게 다른 것인지 알게 되리라. 단 하나의 선물도 받지 못한 사람일지라도 구원받을 수 있다. 그러나 은혜를 받지 못한 사람은 절대 구원 받을 수 없다! 이 사실을 깨달아야만 한다.

구원하는 은혜와 단지 누구에게나 베풀어지는 풍성한 은혜를 구별할 수 있는가? 구원에 꼭 필요한 것은 믿음이다. 구원의 확신은 영혼에 위안과 감격을 가져다준다. 구원에는 꼭 필요한 몇 가지 은혜가 있다. 다른 나머지는 영혼의 위안에만 필요한 것이란 사실을 명심하라!

자신의 믿음에 대해 확신을 갖기 위해, 어떤 용기(勇氣)가 필요한가?

첫째, '처음 시작은 미약할지 모른다'라는 「욥기」 8장 7절의 언표처럼, 그것은 '몽(蒙)'의 상황과 유사하다. 하지만, 그 끝은 매우 훌륭할 것이라는 자신감, 그것은 용기이다. 끝은 매우 창대할 것이다! 삶의 단락마다, 그 마무리 단계에서, 인간은 처음 시작할 때처럼 연약하지는 않으리라. 덮여 씌어 가려진 부분을 걷어 내고 본질을 밝히듯, 끝을 창대하게 만들어 줄 하나님께 감사하라. 그때, 믿음이 흔들리지 않고, 거대한 산처럼 확고부동한 삶을 보게 될 것이다. 이제는 하나님 앞에서, 인간이 사랑하려는 만큼 하나님을 사랑하지 못한다고, 슬퍼할 이유가 영원히 사라지게 되었다. 이렇게 인간은 계속하여 자라나는 믿음을 지닌 축복받은 존재이다.

이른 아침, 정원에 나와 보라. 이슬을 머금은 푸른 풀잎 하나가 다음과 같이 말하는 것을 들을 수 있으리라. '나는 대부분의 풀잎이 그러는 것처럼, 사람들의 발 아래에서 짓밟히지는 않을 것이다. 나는 자라고, 꽃을 피우고, 열매를 맺어, 많은 사람들이 나를 위해 그들의 낫을 갈도록 만들 것이다.'

그러나 지상의 이런 일시적 번영(繁榮)은 죽음의 강(江) 이후에 있는, 보다 즐겁고 영원한 번영에 비하면 아무것도 아니다. '끝은 아주 창대하리라!'라는 언표처럼, 그곳에서 인간의 '믿음'은 기쁨으로, '소망'은 즐거움으로 변하며, '사랑'은 영원하리라. 그곳에서 인간은 영원히 눈물을 흘리지 않을 것이며, 눈동자는 기쁨의 눈빛을 펼치리라. 또한 입술은 영원히 슬퍼하지 않을 것이며, 하나님의 영광을 찬송하며 할렐루야(Hallelujah)를 외치는 고백(告白)의 도구가 되리라.

아마, 어떤 사람은 이렇게 묻고 싶을 것이다.

'어떻게 인간 삶의 끝이 아주 창대할 것이라고 확신합니까?'

그에 대한 답변은 다음과 같다.

첫째, 인간은 신앙 속에 '생명력(生命力)'을 간직한다. 이 때문에 그렇게 확신할 수 있다. 어떤 조각가는 몇몇 사람들의 조상(彫狀)을 바위에 조각할 수 있다. 왜냐하면 그 바위가 조각상을 만들 수 있을 만큼 완전한 크기에 도달했기 때문이다. 동시에 그 바위는 더 이상 자라지 않을 것이기 때문이다. 이 세상에서 현명한 사람을 우러러볼 때, 이제는 바위에 조각된 모습을 바라보듯이 쳐다보리라. 왜냐하면 그는 더 이상 현명해지지 않을 것이기 때문이다. 또한 그 사람은 자신이 도달할 수 있는 한계에 이른, 이른바 충만(充滿)한 인간이 되었기 때문이다. 그 사람은, 인간에 의해 만들어진 조각품이라, 자신의 내부에 생명력을 가지고 있지 않다. 그러나 이 세상에 있는 그리스도인은, 바위에 조각된 인물이 아니라, 생명력을 지닌, 끊임없이 성장하는 어린아이이다.

둘째, 하나님은 '인간'과 더불어 한다. 이 때문에 그렇게 확신할 수 있다. 인간이라는 존재의 정체는, 하나님이 의도하는 목적을 생각하지 않고는 말할 수 없다. 앞에서 언급한 것처럼, 조각가의 인위적 손작업에 넘겨진다면, 인간은 단지 거친 밑그림으로 남는다. 하나님의 섭리 속에서 충만해질 때, 인간은 각자 모두가 놀랄 만한 그림이 되고, 그 끝은 매우 창대할 것이다. 그러므로 그리스도인들은 영혼의 안전이 지금 여기, 즉 현재에 의해 보장되는 것이 아니다. 그 보장은 인간의 힘에서가 아닌, 오직 그리스도의 보혈(寶血)에 의해 약속된다.

그렇다면, 인간은 어떻게 해야, 그 삶의 끝을 더욱 창대하게 만들 수 있을까? 기독교에서는 다음과 같이 주문한다.

첫째, 그리스도의 명령을 준수하라! 나아가 처음 시작의 미약함에서 벗어난다면, 하나님의 은혜가 자신에게 임하기를 기다려야 한다. 하나님의 말씀을 가능한 한 홀로, 끊임없이 읽도록 하라! 영혼을 말씀으로 채우지 않은 채 휴식하지 말라! 처음에는 미약해도 그런 행동이 매우 창대한 마무리를 가져다준다.

둘째, 기도에 충실하라! 깊숙이, 남이 보지 않은 곳에서 홀로 기도하라! 왜냐하면 하나님이 키우는 나무는 기도의 뜨거운 열기 속에서 가장 빨리 자라기 때문이다.

셋째, 처음 시작이 미약하다면, 그 미약함을 가능한 한 유용하게 사용하라! 단 한 가지 재능밖에 가지지 못했는가? 그렇지 않다면, 미약한 처음 시작부터 여러 재능을 사용하여 그 미약함을 강대하게 만들라!

처음 시작은 미약하나 끝은 창대하리라!

겉으로 보기에는 빌닷이 고난 가운데 처해 있던 친구 욥에게 한 말이지만, 그 숨은 뜻을 캐묻다 보면, 무지몽매한 인간에게 깨달음을 한층 일깨우는, 깨침의 미학이 담겨 있다. 빌닷은 욥이 고통받는 이유를 인간적 관점에서 해석하며 말했다. '하나님은 공의(公義)로운 분이다. 정직하게 행동하면, 반드시 고통에서 벗어날 것이다!'

빌닷의 말은 회개(悔改)를 촉구하는 충고(忠告)이다. 그러나 하나님은 달랐다. 욥의 고난을 통해, 보다 크고 놀라운 계획을 구상하고 있었다. 그것은 신앙의 차원이긴 하지만, 시작은 작고 초라하며, '몽(蒙)'의 의미처럼, 무언가에 덮여 가려져 있을지라도, 하나님은 그 미약한 시작을, 결단코 내버려두지 않는다. 끈질긴 기다림과 풍찬노숙(風餐露宿)의 고난을 통해, 인간의 믿음을 단련시키고, 끝내는 창대하게 이끈다. 믿음의 길은, 현재 한순간의 성공이 아니다. 하나님이 인간 안에서 새로운 일을 이루어 나가는, 삶의 긴 여정이다.

오늘 처음 시작, 그 미약한 걸음은 무엇인가? 덮여 씌어 가려진, 그 어두운 '몽(蒙)'의 미약이 언제나 걷히려는가? 기독교에서 하나님은,

늘 인간 안에서 일하고 계시다! 그분의 때가 되면, 인간의 끝은 반드시 창대하게 아름다움을 이루리라. 마찬가지로 '몽(蒙)'의 어두운 거리를 헤매 도는 인간의 끝도, 밝게 비추어 어둠을 거둬내는 순간, 그 끝은 창대하게 아름다운 삶이리라.

1-8

이제, 구체적인 〈몽(蒙:☶)〉의 기능과 역할을 보자. 여섯 효를 거쳐 펼치면서 어두움을 걷어 내는 삶의 맥락! 그것은 교육이나 학습의 과정이기도 하고, 인생의 깨우침이나 깨달음이기도 하다. 각성(覺醒)의 여정이다!

첫째, 제1효인 '초육(--)'은 아래와 같이 기록한다.

初六, 發蒙, 利用刑人. 用說桎梏, 以往, 吝.

초육은 '발몽'이다. 그런 만큼 사람에게 형벌을 쓰는 것이 마땅하다. 그러나 조금씩 차꼬나 수갑과 같은 속박의 고통에서 벗어나도록 하는 것이 괜찮다. 그렇게 이끌고 가더라도 부끄러움이 주변을 맴돈다.

'몽괘'의 맨 아랫부분 음효(陰爻:--)는 '몽매함을 일깨우는 상황'이다. 이를 한마디로 '발몽(發蒙)'이라 한다. 발몽의 상황에서는 '리용형인(利用刑人)'이 요청된다. 그것은 사회 규율이나 법도를 명시해 두고, 이에 순종하지 않을 경우, 형벌을 쓰는 것이 도리에 맞다는 말이다. 하지만, 형벌로 구속하는 일만이 능사는 아니다. 구속 상태 그대로, 어둠의 창살 아래 두지만은 않아야 한다. 속박의 고통에서 벗어나도록 관용을 베풀며 배려할 필요가 있다. 구속 상태에서, 또는 고통에서 벗어나는 방식으로 추진해 나가더라도 부끄러움은 남는다.

이 첫 번째 효는, 뜻이 바르지 않은 동몽(童蒙), 또는 천하고 몽매한 존재의 처리 방식에 관한 고민이다. '무언가에 가려 어두운' 존재, 즉 '몽(蒙)'의 지경에 처한 사람을 인도하는 교육 양식을 지시한다. '몽(蒙)'이라는 존재는, 그것에서 벗어나도록 만드는 장치가 필요하다. 그 장치가 다름 아닌 올바르게 생활할 수 있도록 엄격한 규율을 부여하는 제도이다. 제도로 규정된 규율을 지키지 않을 경우, 형벌을 부과할 수밖에 없다. 형벌이라는 기본 장치를 무시하고, 무조건 관대하게 대하면 이들은 제멋대로 거리낌 없이 놀게 된다 그만큼 '몽(蒙)'에서 벗어날 시기를 잃는다. 그뿐만 아니라, 동몽 자신은 물론, 그를 인도하는 스승까지도 부끄러운 지경으로 전락할 수 있다.

몽매한 존재에 대한 처리는 '리용형인(利用刑人)!'이다. 이는 몽매한 사람에게 형벌을 쓰는 것이 마땅하다는 말이다. 그것은 '법을 바로 잡는' 작업이다. 이른바 '이정법야(以正法也)!' 몽매함을 펼쳐야 하는 초기 단계, 즉 '발몽(發蒙)'의 시기에는 '법을 바로 잡는 일'이 가장 중요하다. 그것은 원리나 원칙의 정돈이기도 하고, 기준이나 표준의 확립이기도 하다. 인간 사회는, 그 사회의 상식(常識: common sense: public knowledge)으로 통하는 '정법(正法)'이 공동체의 본질을 대변한다. 아울러 인간의 삶도 정법으로 정당성을 확보한다. 이런 차원에서 발몽(發蒙)의 '몽(蒙)'은, 상식조차도 감지하지 못하는 어두운 존재들, '비상식' 또는 '몰상식'에 덮여 가려진, 무지한 인간들을 뜻한다. 이 지점이, 바로 '계몽(啓蒙: enlightenment)'의 시작이다.

제1효는 가장 아래에서 음(陰:--)의 기운으로 자리하고 있어, '어둡고 암울한 특성'을 띤다. 그래도 위에 자리한 제2효의 굳센 기운에 이끌린다. 더구나 아래 괘[☵]의 가운데에 자리한 양(─)의 기운과 호응(呼應)한다. 이는 아래의 1효가 따를 준비가 되어 있고, 위의 2효가 이끌어주려는 형국이다. 2효의 양의 기운은, 어둡고 암울한 아래 1효의 '발몽(發蒙)' 상황을 명랑한 방향으로 바꾸어 나갈 활력이 된다. 삶의 에너지이다!

둘째, 제2효인 구이(─)는 아래와 같이 기록한다.

九二, 包蒙, 吉. 納婦, 吉. 子克家.

구이는 '포몽'이다. 상황이 좋다. 아내를 얻어 집안을 가꾸는 것이 괜찮으리라. 자식도 집안을 부흥하는데 제 역할을 한다.

두 번째 효는 몽(蒙)을 끌어안는 형국을 상징한다. 포용(包容)이다. 몽매함을 포용하면 좋다. 한 집안의 경우, 집안의 안주인, 즉 가문의 중심이 되는 부인을 받아들이면 좋다. 그리하여 그 집안의 자식이 화합하여 집안을 제대로 일궈 나간다.

아래 제1효인 음(─ ─), 그 몽매함을, 위의 제2효인 양(─)이 포용한다는 것은 2효가 1효의 몽매함을 계발한다는 말이다. 그뿐만 아니라, 2효는 몽매한 세상에 처해 있으면서도 굳세고 밝은 자질을 갖췄다. 동시에 위 괘[☶]의 가운데 효인 제5효와 상응(相應)한다. 이는 2효가 1효로 상징되는 아래 사람을 이끌면서 5효로 상징되는 윗사람을 모시며, 시대의 임무를 담당한다는 뜻이다.

정이천(程伊川)의 『역전(易傳)』에 의하면, 이런 사람은 반드시 포용력을 넓혀, 어둡고 어리석은 자들을 가엾게 여긴다. 세상의 몽매한 존재들을 일깨우고, 그 몽매함을 다스려, 세상의 바른 도리를 넓혀 베풀어 나간다. 그런 만큼 좋은 상황이다.

　제2효는 양의 기운이 아래 괘의 가운데 자리하여 성질이 굳고 밝다. 그만큼 중도(中道)를 지키는 미덕을 갖추고 주동적 역할을 한다. 제5효의 음과 호응하여 서로 사랑한다. 덕망 있고 부드러운 왕이 현명하고 충성스러운 재상을 얻어 백성을 포용하여 지도해 나갈 수 있는 형상이다. 강건(剛健)한 2효와 유순(柔順)한 5효가 상응하는 모습은 상부상조(相扶相助)의 전형이다. 2효는 5효의 전폭적 지원과 신임을 바탕으로 몽매함을 계발하는 '포몽'의 주관자이다.

　셋째, 제3효인 육삼(--)은 아래와 같이 기록한다.

六三, 勿用取女. 見金夫, 不有躬. 無攸利.

육삼은 장가 들어 여자를 맞이하지 않을 것을 요청한다. 돈이 많은 사내를 보고 유혹당하여 자신의 몸을 지키지 못할 수도 있다. 그런 만큼 마땅하지 않은, 도리를 저버리는 몰상식한 일이 발생한다.

　세 번째 효는 1효나 2효와 다른 양상이 전개된다. 1효에는 '발몽(發蒙)'이 있었고, 2효에는 '포몽(包蒙)'이 있었다. '발몽'은 몽매한 존재를 '일깨우고', '포몽'은 몽매한 존재를 '포용하는', 상당한 노력이 엿보였다. 그런데 3효에는 그런 '몽(蒙)'에 관한 스토리가 없다. '몽'을 깨쳐나가는 과정에서, 이 무슨 해괴한 상황일까? 정이천은 『역전』에서 단언한다.

陰柔, 處蒙闇, 不中不正, 女之妄動者也!

　3효는 음(陰)으로서 부드러운 특징을 지니고 있다. 그런 만큼 몽매함에 처하여 중정(中正)하지 못하다. 여자로서 망동하는 존재이다. 가만히 살펴보면, 정이천의 발언 하나하나가 처참할 정도이다. 15자의 원문 한자 가운데, '몽(蒙)', '암(闇)', '부정(不正)', '망동(妄動)', 즉, '어둡고, 닫히고, 바르지 않고, 아무런 분별없이 망령되게 행동한다'라는 표현이 그런 상황을 입증한다. 이런 인간이야말로, 몽매함의 극치 아닌가!

그런 상황이다 보니, '발몽'이나 '포몽'과 같은 '몽'을 처리하는 문제는커녕, '물용취녀(勿用取女)'가 급선무이다. 이런 망동하는 여자에게 장가들지 말라! 이런 여자가 돈 많은 남자인 금부(金夫)를 만나면 어떻게 되겠는가? 게다가 금부는 돈을 주고 여자를 꾀는 자가 아닌가! 음란한 여인과 황금으로 여자를 꾀려는 남성, 그 사이의 만남에 무엇이 있겠는가! 마땅하지 않다. 몰상식이 횡행하기 쉽다.

마땅하지 않은 일을 저지를 때, 인간은 흉측한 사태에 직면한다. 그것은 '몽(蒙)' 가운데 '몽(蒙)'이다. 그렇다 하더라도 일말의 희망은 있다. 3효의 「상(象)」에 보면, '물용취녀(勿用取女)'를 '행불순(行不順)'으로 적시했다. 행위가 불순하다! 행실을 삼가지 않고 제멋대로 행동한다. 이는 필연적으로 불행을 몰고 온다. 그러나 '개과천선(改過遷善)'이라는 기회가 주어진다. 덮여서 가려져 있을 때의 잘못을 고치고, 착한 본질을 회복하라! 그것이 유일한 삶의 빛이다.

제3효는 양의 기운이 있어야 할 자리에 음이 있다. 정당하지 못하다. 그만큼 힘이 약하고 음침하다. 맨 위에 있는 6효의 양과 호응한다. 하지만 아래에 있는 2효의 양에 매여 있다. 자신이 사랑하는 여성이 돈 있는 이웃집 사나이에게 끌려간다. 이 사나이와 한바탕 싸움을 벌이고 싶지만 도리어 해를 당할 수 있다. 몽매한 상황 자체에 머물러, 어쩔 수 없는 세상에서 활보할 뿐이다.

넷째, 제4효인 육사(--)는 아래와 같이 기록한다.

六四, 困蒙, 吝.
육사는 '곤몽'이다. 몽매하여 곤란을 당하는 만큼 부끄러운 상황을 겪
는다.

네 번째 효는 아주 간단하다. 몽매함으로 곤란을 당하므로 부끄
럽게 된다. 이유를 설명할 필요가 없을 정도이다. 인간 사회에서 어떤
관계를 맺고 있느냐? 그것이 문제이다. 이는 육하원칙(六何原則)에 비
추어 보면, 쉽게 간파된다. '나는, 지금, 어디에서, 무엇을, 왜, 어떻게' 하
고 있는가? 정이천의 『역전』과 주희(朱熹)의 『주역본의(周易本義)』에
나타난 해설이 이를 구체적으로 뒷받침 한다.
　제4효는 음으로서 부드러운 특징을 지니고 있으면서 무지몽매한
상황이다. 그런데 굳세고 밝은 사람이 주변에 없다. 가까이에서 도와
주는 사람도 없다. 어찌할 것인가? 스스로 몽매함을 깨우쳐 나갈 방
법이 없으니. 어둡고 또 어두움, 그 혼몽(昏蒙)에 갇혀 곤궁한 자, 그 부
끄러움이 얼마나 심할까! 참으로 하찮은 존재 아닌가! 그래도 희망을
가정해 볼 수는 있다. 굳세고 밝은, 덕망이 높은 분을 찾아가 열심히
공부하라. 그러면, 부끄러움을 면할 수는 있으리라. 이 또한 쉽지는 않
다. '몽(蒙)'의 상황에서, 양의 자리에 있으면서 굳센 기운을 지닌 분은
몽매함을 계발하는 사람이다.
　그런데 4효는 음의 자리에 있으면서 부드러운 기운을 지니고 있
어, 굳센 기운과 거리가 멀다. 이는 무지몽매한 자가 현명한 분을 가까
이하지 않는 모양새이다. 그러니 어찌 밝은 도리를 얻을 수 있겠는가?

몽매함으로 곤궁을 당하는 상황이 당연한 것 아닌가! 무지몽매함에도 불구하고, 저 홀로 현명한 사람과 멀어지고 있으니, 이 무슨 행동인가? 부끄러움은 다른 데 있지 않다. 현명하고 덕망 높은 분을 가까이하지 않아 곤궁하게 될 때, 가장 부끄러운 인생이다.

제4효는 위 괘〔☷〕의 아래 자리에 있으면서 음의 기운을 지녀 부드럽고 힘이 약하다. 아래의 1효인 초육과 호응해야 하지만, 같은 음의 기운이라 제대로 응대하지 못한다. 이웃에 있는 3효와 5효도 모두 음이라 또한 친근하게 지낼 수 없다. 그런 만큼 나면서부터 성질이 몽매하고 자신을 깨우쳐줄 사람도 없다. 참 곤란하고 부끄러운 형국이다.

다섯째, 제5효인 육오(--)는 아래와 같이 기록한다.

六五, 童蒙, 吉.
육오는 '동몽'이다. 상황이 좋은 편이다.

다섯 번째 효도 아주 간단하다. 철부지 어린이에 해당한다. 그런만큼 좋다. 좋은 상황을 맞은 이유, 즉 길(吉)한 까닭은 적절하게 호응하는 인간관계와 덕망을 통한 교육·학습 때문이다.

정이천은 『역전』에서 이렇게 말한다. 5효는 부드럽고 도리를 따르는 성격으로 군주의 자리에 있는 사람이다. 아래의 2효와 상응한다. 군주로서 최고지도자인 사람이, 부드러우면서도 가운데 자리에 있다. 그러면서 아래 2효의 굳세고 밝은 자질을 가진 사람과 짝이 되어 서로 도우면, 인간 사회의 무지몽매함을 충분히 다스릴 수 있다. 그러기에 상황이 좋다. 길하다는 것이다.

여기에서 '동몽(童蒙)'의 의미가 중요하다. '동(童)'은 아직 깨우치지 못하여 남에게 의지해야 하는 존재이다. 최고지도자로서 군주가 된 사람이 어찌 깨우치지 못했겠는가? 군주가 진정으로 정성을 다하여 현명하고 덕망이 높은 사람에게 자문(諮問)하고, 자신의 어리석은 부분을 일깨워주도록 맡겨, 어리석음을 깨우쳐 나간다면, 이보다 의미 있는 자질 함양이 어디 있겠는가! 그것은 군주 스스로가 노력하며 리더십을 발휘하는 작업 아닌가!

가장 높은 군주의 자리에 있지만, 그는 겸손(謙遜)하다. 아래의 2효와 어울려 상응한다. 그만큼 순수하고 스스로 계발하려는 의지와 다른 사람이 일러주는 올바른 도리에 귀 기울인다. 여기에서 순종과 겸손의 의미가 돋보인다. 정이천은 「상전」의 풀이에서 강조한다.

舍己從人, 順從也.
降志下求, 卑巽也.
能如是, 優於天下矣!
자기 나름의 생각이 있으면서도 다른 사람의 의견을 따르라. 그것이 순종이다.
자신의 마음 가는 곳을 뒤로 하고 아래 사람이 말하는 소리를 구하라. 그것이 겸손이다.
이렇게 하면, 충분히 세상을 다스릴 수 있다.

다시, 되풀이해 본다. '자기를 버리고 다른 사람을 따르라!' 그것이 순종이다. 뜻을 낮추고 아래에서 구하라! 그것이 겸손이다.

제5효는 아래 괘 2효의 굳세고 밝은 양의 기운과 호응하여 사이 좋게 지낼 수 있다. 양이 있어야 할 자리에 음으로 자리하고 있기에,

정당성을 확보한 것은 아니다. 하지만 위 괘의 가운데 자리에 있어 덕망을 지닐 수 있는 기운이다. 이 자리는 천진난만하고 장래성 있는 어린이, '동몽'을 상징한다. 현명한 스승이나 지도자 등 어린이를 보필할 수 있는 사람을 얻어, 성인이 되면 훌륭한 인물로 성장해 갈 수 있다. 5효는 군주의 자리이기에 가장 높은 존엄이다. 그러나 아래 2효에 호응하여, 아래 사람을 스승으로 요청한다. 그리고 그 가르침을 순수하게, 진심으로 받아들인다. 이것은 아무나 할 수 없는, 최고의 용기이다. 아래 2효의 스승 또한 최고지도자의 요구에 감응(感應)하여, 열정을 다해 가르친다. '길(吉)하다!'라는 말은 이런 상황에서 빛을 발한다.

여섯째, 제6효인 상구(一)는 아래와 같이 기록한다.

上九, 擊蒙. 不利爲寇, 利禦寇.
상구는 '격몽'이다. 도적 떼처럼 약탈하며 침략하는 것은 마땅한 도리
가 아니다. 도적 떼를 막는 것이 합당한 도리이다.

'몽괘'의 여섯 번째, 맨 위에 자리한 마지막 효이다. 여기에서 이 글의 몸통인 '격몽(擊蒙)'이 구체적으로 등장한다. 그것은 '몽매함을 타파하는 일'이다. 세상의 도적이 되는 경우, 인간 세상에 이롭지 않다. 도적을 막는 행위는 당연한 도리이자 상식이다. 도적이 세상을 혼란에 빠뜨리며 활개를 치는데, 가만히 있어서 되겠는가! 도적을 물리치는 일은 인간 사회를 건전하게 이끌 수 있다. 그만큼 이롭다.

여섯 번째 효는 '몽괘'의 끝에 자리한다. '어두움', 또는 '어리석음'이 최고조에 이른 때이다. 정이천은 『역전』에서 말한다.

인간의 무지몽매함이 끝에 이르러 난동을 부리는 처지가 되었다

면, 어떻게 해야 할까? 말이 필요 없다. 쳐야 한다! 그것도 아주 세차게. 나라의 올바른 도리를 따르지 않고 침략질이나 해대는, 난리를 일으키는 자는 쳐내야 하는 것이 마땅하다. 그러나 '몽괘'의 위 괘〔☶〕를 보면, 아래의 4효와 5효가 음(--)이고 양(—)이 맨 위에 자리하고 있다. 이는 굳셈이 한계에 이르렀기에 자신의 본분에 맞지 않은 상황을 상징한다. 따라서 다른 사람을 침해하거나 약탈하며 난리를 일으키는 일은 좋지 않다고 경계한다.

여기에서, 인간 사회의 주요한 경영 관리 방식, 또는 삶의 양식이 대두한다. '몽(蒙)'을 어떻게 대처하느냐! 이것이 문제다! '몽(蒙)'이라는 사태 자체가 '어둡다'. 덮여 있다! 그런데 현실 사회를 '몽(蒙)'의 세계에서 벗어나려고 조치하는데, 어떤 태도로 임해야 하는가? 그것은 현대적 의미로 보면, 기획과 정책을 통한 대안의 제시를 요청한다.

그 대안은 어쩌면, 시소게임(Seesaw Game)처럼, 엎치락뒤치락하며, 역전에 역전을 거듭하는, 고도의 심리전과 압박감 속에서 처리해야 한다. '하나의 본체'를 두고 '두 가지 작용'을 구사해야 하는 상황이다. 실상은 하나지만, 그것에 대처하는 양상은 서로 다른 방향의 양면 작전이다.

治人之蒙, 乃禦寇也!
肆爲貪暴, 乃爲寇也!
사람의 몽매함을 다스리는 일, 그것은 바로 침략하여 도적질하는, 나쁜 짓을 막는 작업이다!
함부로 탐욕스럽고 포악한 짓을 저지르는 일, 그것은 바로 침략하여 도적질하는, 나쁜 짓이다!

　　침략하여 도적질하는 하나의 사태를 두고, 그들의 무지몽매를 다스릴 것인가, 아니면 그들의 패악질을 내버려둘 것인가, 둘의 사이 세계에서, 격몽(擊蒙)이 나선다. 쳐라! 내쳐라! 쳐내어라!

　　주희도 『주역본의』에서 말한다. 굳셈으로, 맨 위의 최고 자리에 있으면서, '몽(蒙)'의 상황을 벗어나도록 만들 때, 자칫하면, 지나치게 강하게 나설 수 있다. 그것이 다름 아닌, '격몽(擊蒙)'의 모습이다. 몽매함을 쳐라!

　　그러나, 쳐내라! 즉 덮여서 어두운, 가려 보이지 않는, 알지 못하는, '몽(蒙)'의 상황을 걷어 내라! 인간 사회를 밝게 만들어 나가자. 이때, 세상을 진지하게 마주해야 한다. 밝은 세상이 반드시 이루어지기를 '지나치게 기약'하고, 너무 '심하게 다스리면', 도리어 해가 될 수 있다. 오직 외부의 유혹을 막고, 본래부터 참되고 순수한 본질을 온전히 하라. 이 노력은 상당히 엄밀한 조치일 수 있겠지만, 그것이 바로 마땅한, 합당한 도리이다.

　　다시 말하면, '격몽(擊蒙)'의 시기에, 제6효는 양의 기운이 밝고 강력한 힘을 지니고 있다. 그러기에 아래에 있는 다른 네 개의 음을 주도한다. 힘이 지나치게 강할 경우, 무지몽매한 자가 제대로 따라오지 못하고 반항할 수도 있다. 즉 엄격하고 강직한 스승이 철부지를 가르칠 때, 지나치게 채찍을 치면, 어린아이가 반감을 품을 수도 있다는 말이다. 아이를 다룰 때, 도둑질하는 약탈자로 보고, 그를 가르치기보다 도둑질하는 자들을 방지하는 차원에서 대처하면 도움이 된다. 단순하게 회초리로 때리기보다 외부의 유혹을 차단하고, 점차 바른 도리를 깨닫도록 지도하는 것이 유리하다는 의미이다.

1-9

몽(蒙)은 '인생에서 아동이나 젊은이들'을 가리킨다. 그만큼 아직 어른으로서 지녀야 할 여러 사안에 대해, 확실하지 않다. 확인하기 어렵고 밝지 않은 부분이 있다. 산기슭에서 샘물이 솟아오른다. 물기가 가득 차면서 안개로 변한다. 안개가 시야(視野)를 방해한다. 주위 상황을 정확하게 인지하여 파악하기 어려운, 흐릿한 상태를 지속한다. 이 무엇인가? 교육으로 보면, 학습자가 교수자에게 가르침을 구하고, 계몽을 받기 직전, 교육의 예비 기간이다.

현재는 캄캄하고 무지하여 뻗어나가지 못한 실정에 처해 있다. 고민에 빠진 모습. 그만큼 삶의 전망을 세우기 어렵기에 경솔하게 행동해서는 안 된다. 무지몽매한 인간이 스승에게 가르침을 구하는 것처럼, 동료나 선후배, 남녀노소를 막론하고, 멘토가 될 만한 사람의 지혜로운 의견을 들어야 한다.

현재 자신의 처지가 '몽괘'나 그 여섯 효 가운데 어느 하나에 해당한다면, 장래에 희망을 걸고, 산처럼 육중한 자세, 물처럼 스며드는 태도를 유연하게 지닐 수 있도록 덕성을 길러야 한다. 샘물은 특성이 있다. 드넓은 바다로 나아갈 수 있도록, 앞길이 탁 트여 있다. 이른바 전도양양(前途洋洋)이다. 현재는 저 산골짜기에서 흘러나오는 작은 샘처럼 보잘것없어 보인다. 하지만, 꾸준히 노력하면 냇물에 이르고 강물로 흘러 바다로 들어간다. 앞의 『성서』에서 언급했지 않은가!

처음 시작은 미약(微弱)하나 끝은 창대(昌大)하리라!

Though thy beginning was small, yet thy latter end should greatly increase!

처음부터 모든 것을 알고 있는 사람은 없다! 무지하고 몽매하기
에 학습을 통해 깨닫고, 인격을 함양해야 한다. 끊임없는 노력은 인격
을 성숙하는 담보이다.

1-10

몽괘(蒙卦)의 대의에 대해, 〈단(彖)〉에서는 다음과 같이 논리 정연
하게 설명한다.

㉮ 蒙, 山下有險, 險而止, 蒙.

'몽'은 산 아래에 '험한 사태'가 있음을 뜻한다. 험하면 나아가지 못하
고 그치게 마련이다. 그렇게 그친 상황도 '몽'이다.

㉯ 蒙亨, 以亨行, 時中也. 匪我求童蒙, 童蒙求我, 志應也.

'몽형'은 질서 있게 나아가는 것을 뜻한다. 그것은 때에 맞게 행하기
때문이다. 내가 '동몽'에게 요구하는 것이 아니라 '동몽'이 나에게 요청
한다. 이는 둘 사이에 뜻이 서로 감응하기 때문이다.

㉰ 初筮告, 以剛中也. 再三瀆, 瀆則不告, 瀆蒙也.

어떤 문제에 대해 처음으로 해결 방식을 물었을 때, 그에 대해 차근차
근 알려준다. 그것은 알려는 열정과 기운이 넘쳐흐르는 것이 때에 맞
았기 때문이다.

그런데 아무런 열의도 없이, 그저 두 번 세 번 또 물으면, 알려주지 않
는다. 본질이 왜곡될 수 있다. 이런 상황에서 함부로 알려주면 '몽'의
상황을 오해하여 인생을 잘못 파악할 수 있기 때문이다.

㉱ 蒙以養正, 聖功也!

'몽'의 상황을 바탕으로 올바른 도리를 길러야 한다. 그것이 가장 아름
다운 인간이 되는 공부이다.

'몽'의 상황을 설명하는 ㉮의 핵심은 '산하유험(山下有險), 험이지(險
而止)'이다. '산(山) - 수(水), 몽(蒙)'에서, 무엇이 '험하고', 왜 '멈추어'야만 하
는가, 그 형상은 그저 우리가 흔히 보는 자연 지리적 상황을 언어로
바꾼 것일 뿐이다.

높은 산이 솟아 있기에 넘기 어렵고, 큰 강이 흐르고 있어 건너기
어렵다. 그것이 '험(險) - 지(止)'이다. 이는 앞길이 '험하여 멈추어 있는 모
습'을, 극도로 단순하게 보여준다. 몽(蒙)은 그런 것이다. 큰 강물이라는
험난한 사태에 직면해 있는 만큼, 인간 사회는 불안하다. 또 높은 산이
라는 험난한 상황에 막혀, 어디로 갈 것인지를 찾지 못하는 만큼, 헤맨
다. 큰 강을 건너자 높은 산이 막고 있다! 이는 무지몽매한 인간 사회
의 미래에 대한 암시(暗示)이다. 넌지시 깨우쳐주는, 교육과 학습의 동
기부여이다.

삶의 여정이 그러하다. 크고 작은 험난한 강이 곳곳에 흐른다. 높
고 낮은 산이 여기저기 가로막고 있다. 어찌해야 하는가? 정답은 분
명하다. 헤쳐 나갈 것인가? 머물러 포기할 것인가? 인간 사회의 속성
은 진보(進步: progress) 그 자체다. 헤쳐 나갈 것을 암묵적으로 기대한
다. 아니, 그래야만 한다고 의무처럼 강요하기도 한다. 그것이 '교육'이
나 '학습', 또는 '학문'이라는 이름의 존재 이유이다.

험난한 길을 나아가기 위해서는, 그에 상응(相應)하는 준비(準備)가
필요하다. 그 준비는 인생의 '포석(布石)'이다. 삶의 여정을 위한 채비(差

備)이며, 비상사태에 대한 대비(對備)이다. 그것은 개인의 삶과 사회의 제도, 이른바 문명이나 문화를 기획(企劃)하고 설계(設計)하며, 점차로 구비(具備)해 나가는, 절차(節次)를 밟아야 한다.

이 절차에 근거하여, 질서정연하게 나아가는 작업이 ㉯의 '몽형'이다. 그 소통이 뻗치는 과정에 '시중(時中)'과 '지응(志應)'이 자리한다. '시중'은 때에 알맞은 방법, 상황에 맞는 도리이다. 흔히, '중용(中庸)'의 도리라고 말하듯이, 딱 들어맞는 적절함이자, 균형(均衡)의 최고 미학이다. 화평(和平)의 절정으로도 볼 수 있다. '지응'은 뜻이 서로 감응한다는 말이다. 몽괘에서 보면, 2효인 구이(九二)와 5효인 육오(六五), 그 음양의 상응이다. 유교의 '교학상장(敎學相長)'이나 불교의 '줄탁동시(啄同時)'가 그에 부합하는 고사성어이다. '동몽'과 '스승' 사이. 스승은 이미 무지몽매함을 깨닫고 그것을 깨치고 나와 인간 사회의 도리를 체득하고 있다. 무지몽매한 동몽은 어둠의 마당을 헤매고 있지만, 진심으로 때에 맞추어 도리를 체득하며, 인간 사회의 일원으로서 밝게 살려는 의지를 내비친다.

그렇다고 아무런 노력도 없이, 무조건 물어대기만 하는, 멍청이의 멘토가 되지는 않는다. 그 교육의 양식이 ㉰의 '재삼독(再三瀆)'에 대한 경고이다. 가르쳐 준 것을 되새기며 공부하지 않고, 두 번 세 번 물어댄다고? 이 무슨 무례인가! 훈련(訓鍊: training)을 통해 동일한 내용을 반복하여 외우고 익혀야 할 것은 따로 있다. 삶의 상식이자 도리에 대해, 이미 일러주었는데 다시 반복한다면, 본질이 왜곡되고 변질될 수 있다. 그러기에 공자도 『논어』「술이」에서 심각하게 말했다.

不憤不啓, 不悱不發!

擧一隅, 不以三隅反, 則不復也!

무지몽매한 인간이 궁금한 것이 있는 데도 답답해하지도 않고 괴로워하지도 않으면, 그를 이끌어주지 않는다! 제대로 표현하지 못하여 애태우는 상태가 아니면, 그를 일깨워주지 않는다!

한쪽 사례를 들어 일러주었을 때, 나머지 세 측면을 스스로 돌이켜보며 이해하려고 노력해야지, 그렇지 않은 존재에 대해 반복해서 알려주지 않는다!

다 알려준다고? 어림도 없다. 25% 정도, 1/4 가량의 맛보기만 보여준다. 나머지 75%, 3/4은 스스로 탐구하라. 공부는 인간이 스스로 찾고 만들어가는 삶의 과정일 뿐이니까.

이런 노력이 다름 아닌, ㉣의 '양정(養正)'이다. 올바른 도리를 기르는 일! 그것은 '몽이양정(蒙以養正)', 즉 '몽(蒙)'이라는 상황을 바탕으로 한다. 그런 점에서 '몽(蒙)'은, 그저 '무지'한, '몽매'한, 바보 같은, 멍청이, 철부지와 같은 어리석은 사람의 상태를 설명하는 언표가 아니다. 그것은 인간의 도리, 그 '바름'으로 향하는 '강력한 삶의 밑그림'이다. 『논어』「팔일」에서도 언급했듯이, '회사후소(繪事後素)' 아닌가! 그림을 그리려고 해도 흰 바탕의 도화지가 있어야지.

어떤 사람은 말한다.

'무(無)에서 유(有)를 창조(創造)했다!'

나는 단언한다.

'그런 것은 이 세상에 없다! 진실로 그런 말을 한다면, 구라 중에서도 최고의 구라이다! 무에서 유가 아니라, 유에서 또 다른 유, 더 나

은 유를 지향할 뿐이다! 착각하지 말라.'

몽괘는 '몽'이라는 어둠을 전제로 밝음을 지향한다. 그것은 몽괘의 제1효에서 제6효까지, '발몽(發蒙)-포몽(包蒙)-곤몽(困蒙)-동몽(童蒙)-격몽(擊蒙)'이라는 궤적(軌跡)을 따라, 알차게 달려가는 교육의 길이다. 달리 말하면, 미몽(迷夢)에서 계몽(啓蒙)까지, 힘차게 달리는 학습의 열차(列車)이다. 그 궁극 지점은 '성공(聖功)'이다. '성(聖)'이라는 공(功)!' 그 것은 세상이 우러러보는, 훌륭한 인격자가 되는 공부이다. 한자는 다르지만, '성공(聖功)'은 '성공(成功)'과도 통한다. '진실한 열정과 노력이 담겼다'라는 의미에서, '성의(誠意)'로 표현할 수도 있다.

이런 차원에서 '몽(蒙)-양정(養正)-성공(聖功)'이라는 인간 사회의 열차는, '교육'이나 '학습', 그리고 '학문'이라는 이름을 신성(神聖)하게 만든다. 거룩하고 성스러움 그 자체이다. 여기에서 교육의 목적을 읽을 수 있다.

스승은 동몽을 성인으로 이끌어라!
동몽은 열정으로 그 가르침을 받으라!

다시 말하면, 선생은 학생을, 상식 있는 이 사회의 건전한 인간으로 성장하도록 가르치고, 학생은 선생의 가르침을 따라 진심으로 성숙한 인간이 되도록 배우라! 그것뿐이다. 현대 민주시민 사회에서는, 군주제 왕정 사회처럼, 모든 차원에서 가장 걸출하고, 가장 뛰어난 완벽한 사람, 즉 '성인(聖人: saint, holy man)'만을 추구하지 않는다. 민주 의식과 시민의 자질을 가진 건전한 '성인(成人: grown-up, wholesome)'을 선호한다. 건전한 민주 시민, 민주적 상식을 갖춘 시민!

'성(聖)'이건, '성(成)'이건, 그 기준은 '정(正)'이다. '바르다'이다. 그것은 올바름을 향한 열정의 인생을 꿈꾼다! 그러기에 일상의 상식에서, 삐딱하게 자리하면서 바로 잡히지 않은 것은 바로 잡고, 제대로 갖추어지지 않아 미비하거나 부족한 것은 충족을 지향한다. 그것이 교육이다.

幼而學之 學爲聖人!

유치한 존재, 어리석음의 광장에서 헤매는 존재들에게 배움의 기회를 주라! 그 배움을 통해 건전한 인격자로 거듭나게 하라! 그것이 인간 사회, 상식을 지닌 자들의 '책임'과 '의무'이다. 나아가 '권리'이기도 하다.

〈상(象)〉에서는 이런 교육의 모습을 더욱 간략하면서도 강렬하게 형상화한다.

㉮ 山下出泉, 蒙.
산 아래에서 샘물이 솟아나고 있다. 그것이 '몽'의 모습이다.

㉯ 君子, 以果行, 育德!
상식을 갖춘 건전한 인간은, '몽'의 이치를 모델로 과단하게 육덕을 결행한다!

'산(山)-수(水), 몽(蒙)'이라는 괘에서, '산하출천(山下出泉)', 즉 '산 아래 물이 졸졸 흘러나온다!'라는 형상은 괘의 모습을 상징적으로 정돈한 언표이다.

'깊은 산속 옹달샘!'이라고 하듯, 강의 발원지(發源地)나 온천수의 원천(源泉)을 떠올리면 이해가 쉽다. ㉣의 '산하출천(山下出泉), 몽(蒙)!' 이를 염두에 두고, 물의 속성과 흐름을 보라! 특별한 경우, 예를 들어, 노출되는 즉시 증발하여 말라버리거나 흐르지 않고 고여만 있는 물을 제외하고, 일반적으로 흐르는 물은, 어떤 강이 되었건, 발원지에서 바다에 이른다.

장구(長久)하게 흐르는, 그 생명의 역동성!
The enduring flow and dynamism of life!

바위틈 사이에서 보일 듯 말 듯 미세하게 새어 나온 샘물! 그것은 졸졸 흘러내려, 산의 골짜기를 타고, 작은 시내를 이룬다. 그 작은 시내는 다시 들판 곳곳을 흐르며 여러 갈래의 큰 시내를 이룬다. 시내로 흐르는 중간에 작은 호수나 늪을 만들기도 하고, 또다시 흘러 여러 갈래의 작은 강을 만든다. 그 작은 강들은 큰 호수를 만들어 들락거리며, 또다시 여러 방향으로 흐르며 큰 강을 이루고 바다로 흘러 들어간다. 이렇게 강은 대지(大地) 곳곳을 적시며, 생명력을 불어넣는다. '천(泉)-천(川)-강(江)-호(湖)-해(海)'로 이어지는, '자연(自然)'의 끊임없는 여행은, 다름 아닌 '산하출천(山下出泉)'에서 시작한다. 저 '산하출천'이 '몽(蒙)'의 형상이다.

'산하출천'을 '몽'으로 상징한 것은, 자연의 세계를 인간의 사회로 전이한, 인간학을 위한 기획이다. '산하출천'이라는 '구상(具象)'을 '몽'이라는 '추상(抽象)'으로 그려냈다. 그 그림은 인간 사회의 도리를 창출하는 마중물이 되었다. 자연의 이치를 인간의 법칙으로 전환하여, '사회

(社會)'라는 뼈대를 구성했다. 그 뼈대에 살을 붙이고 피가 흐르도록, 온갖 기관(器官: Organ)을 만드는 사업은 오로지 인간의 일임을 선포한 것이다.

그런 의미를 담은 것일까? '몽(蒙)'의 사업은 수많은 상황에 부딪히고, 질서 있게 나아가려는 속성을 뿌리 깊게 담고 있다. 글자의 의미도 '어둡다'에서 그것을 넘어서며, 어두우니까 '부딪히다', 다시, 부딪히는 가운데 '질서 있게 나가다'로 확대된다.

『노자도덕경』(8장)에 '상선약수(上善若水)'라는 말이 있다. 이 또한 '물〔水〕'의 덕성(德性)을 여지없이 일러준다. 이 구절에서 '상선(上善)'은, 대부분 '최상의 선'이나 '최고의 선', 또는 '가장 훌륭한 것'과 같이 번역되어 있다. 그것은 철저하게 인간학적 의미의 '가치를 부여하여', 물의 속성을 통해 삶의 처세술을 지시하는 듯하다. 하상공(河上公)의 풀이처럼, '가장 착한 사람은 물과 같은 성품을 지녔다!'라거나 '다투는 일이 없다!' 등등, 물에 관한 여러 설명은, 인간의 지혜를 깨우치는 의미심장한 역할을 한다.

나는 이 문제를, '산하출천(山下出泉)'의 양식에 근거하여 이해하는 것이, 보다 정확할 수 있다고 판단한다. 자연주의적 특성을 고려하면, '상선(上善)'은 '가장 자연스러운 상황'을 추상적으로 나타낸 언표이다. 그것이 인간학적 인식으로 전환될 때, '가장 좋은 것'으로 번안되면서, '좋은', '훌륭한' '착한' 등등의 가치를 인위적으로 밀어 넣었다.

'상선약수'로 상징되듯이, '가장 자연스러운 상황은 물의 흐름에서 찾을 수 있다!' 그런데 그 물의 원천이, '산하출천'의 '몽(蒙)'이다. 이때 '몽'은, 인간 사회가 빚어가야 하는 삶의 과정에서, 근원(根源)이자 본질(本質), 기본(基本)으로 자리한다. 인생 여정(旅程)의 샘이다!

　　그 인간 사회의 여정을 도맡은 존재가 다름 아닌, ㉑에 적시된 '군자(君子)'이다. '군자'는 전통적으로 '소인(小人)'과 반대되는 특징을 지닌다. 『논어』를 중심으로 한 유교는, '군자'라는 인간을 지향하며 학문을 전개한다. 군자는 높은 사회적 지위를 가진 사람이기도 하지만, '끊임없는 자기 수양을 통해 도덕적 완성을 지향'하는 인격자이다. 사회에서 회자(膾炙)하는, '지'(智)-인(仁)-용(勇)'을 세 가지 기둥으로 삼고, '예(禮)'와 '의(義)'를 실천하는 사람이다. 현대 민주주의의 시선으로 이해하면, 상식과 교양을 쌓고, 고도의 민주 시민으로서의 자질을 갖춘, 건전한 인간이다. '소인'은 그와 반대로, '조무래기'나 '양아치' 같은 존재들을 지칭한다. 비민주적 몰상식으로 가득한 존재들. 이런 소인배(小人輩)에 대해, 별도로 언급할 필요는 없겠다.

　　君子, 以果行, 育德!
　　상식을 갖춘 건전한 인간은, '몽'의 이치를 모델로 과단하게 육덕을 결행한다!

　　이 짧은 문구에서 교육과 학습, 그리고 학문의 하이라이트가 드러난다. 이제부터는 '교육'과 '학습', 그리고 '학문'과 같은 용어는, 따로 말하지 않을 경우, 포괄적으로 '교육'과 동일한 의미로 사용한다.

　　그렇다! 자연이 인간에게 베풀어준 구상(具象)의 선물! 저 '산하출천(山下出泉), 몽(蒙)!'이라는 화두는, 인간 사회의 진보를 위한 축복이다. '몽'은 어두움이나 어리석음, 무지몽매의 늪 자체가 아니다. 그런 상황을 인식하고 벗어나려는 인간 사회의 원초적 사태이다. 가능성이자 마중물이며 잠재력이다. 이를 깨우치는 일은 어렵지 않다!

나는 어리석다! 나는 무지몽매하다!

I remain unenlightened!

진정으로 이 말을 각성(覺醒)하는가! 어느 실존주의자의 언표를 들지 않더라도, 인간은 불안(不安)하다! 연약(軟弱)하다! 덮여 가리어 있는 만큼, 한계상황(限界狀況)에 부딪힌다. 이런 인간 사회의 근원적 관점, 그 인간학을 깨달을 때, 인간은 용기와 희망으로 삶을 추동한다. 어찌할 것인가? 공자의 '여지하(如之何)'이다. 그 과정의 실천은 두 가지 양상으로 드러난다. 하나는 '과행(果行)'이고, 다른 하나는 '육덕(育德)'이다.

과행(果行): '몽'의 이치를 깨닫고 과감하게 나아가라!
육덕(育德): 결단하여 나가며 성실하게 덕성을 기르라!

'과행육덕(果行育德)'에는 앞에서 언급했던, '발몽'에서 '격몽'에 이르는 과정이 함축되어 있다. 율곡 이이와 동시대를 살았고, 『주역집주(周易集註)』로 유명한 명나라의 래지덕(來知德, 1525~1604)은 다음과 같이 설명한다.

과행(果行): 몽(蒙:☷)에서 아래 괘인 감(坎:☵)의 굳세고 알맞은 강중(剛中)의 덕성을 본받아, 그 행위를 과단하게 결행한다. 그리하여 착한 일을 보고는 반드시 착한 일을 실천하고, 올바른 일을 듣고는 반드시 올바른 일을 실천하라. 험하고 어려운 일을 겁내지 않고, 구차히 편안하게 즐기려는 삶을 취하지 않는 것이다.
육덕(育德): 몽(蒙:☷)에서 위 괘인 간(艮:☶)의 고요하게 그쳐 육중하게 버티고 있는 '정지(靜止)'의 덕성을 본받아, 그 덕을 키워 기르라. 그리하여 성급하게 생각하지 않고, 관대한 마음으로 차분하게, 그 성취를 기다려야 한다.

'발몽'에서 '격몽'까지, '몽'의 인생을 처리하는 방식, 즉 인간 교육의 여정은 다음과 같이 정리할 수 있다.

인간 사회에 무지몽매한 존재가 있다. 이들을 어떻게 해야 하는가? 상식과 공정으로 인도하는 엄정한 규율을 가르치고, 형벌을 가해야 할 때도 있다. 지나치게 관대하게 대하면 제멋대로 거리낌 없이 놀아날 수 있다. 그것은 무지몽매함을 깨우칠 기회를 잃게 만든다. 교육은 이런 인간 이해에서 시작한다.

그런 교육의 중심에 스승이 자리한다. 스승은 굳세고 균형 잡힌 덕성으로 무지몽매한 인간을 계발한다. 그렇다고 계발만이 능사는 아니다. 계발의 과정에서 때로는 부정적 상황을 마주할 때도 있다. 현명한 스승의 교육을 받을 기회가 없어, 홀로 무지몽매한 곤란한 지경에 머물러 있기도 한다. 그것이 불행인 것만은 아니다. 오히려 희망일 수 있다. 다시, 부드럽고 균형 잡힌 스승을 만나, 깨달음을 얻는다. 그리하여 과감하게 노력하고 끊임없이 성찰하며, 일상의 삶을 건전하게 유도하는 사업을 이어 나간다. 이런 교육의 궁극적이고 상징적 표현이 '격몽'이다.

2. 『격몽요결』「서문」

2-1

아리스토텔레스(Aristoteles, B.C.384~B.C.322)는 『니코마코스 윤리학』 제1권의 앞부분에서 '좋음', '목적', '최고선'에 대한 간략한 의견을 개진한다. 그것은 인간 사회에서 어떤 삶이건, 그 목적을 설정하는데 상당한 기준을 제공한다.

모든 기예(技藝, technē)와 탐구(methodos), 또 마찬가지로 모든 행위와 선택은, 어떤 '좋음'을 목표로 한다. 이 때문에 사람들은, 인생의 모든 일에서 추구하는 것을 '좋음'이라고 규정해 왔다. 그러나 추구하는 여러 목적에는 어떤 차이가 있다. 왜냐하면 어떤 것들의 경우, 그 목적은 '활동'이며, 또 어떤 것들의 경우, 활동과 구별되는 어떤 '성과물'이기 때문이다. 행위와 구별되는 목적이 있는 경우, 그 성과물은 본질적으로 활동보다 낫다.

그런데 '행위'나 기예, 그리고 학문(epistēmē)에는 여러 종류가 있다. 따라서 그 목적들 또한 그만큼 많다. 의료 기술의 목적은 건강이고, 조선 기술의 목적은 배이며, 군사 작전인 병법의 목적은 승리이고, 집안 경제의 목적은 풍요롭게 잘 사는 부(富)이다. 그런데 이러한 것들은 모두 하나의 능력(dynamis) 아래에 자리한다. 예를 들면, 말굴레나 마구(馬具)의 제작에 관계되는 다른 모든 기술은 마술(馬術) 아래, 마술 자체와 전쟁에서의 모든 행위는 병법 아래, 이와 같은 방식으로 다른 기예들도 또 다른 것들 아래 자리하게 된다. 이런 사례에서 볼 때, 총기획은 그 목적이 그것 아래에 자리하는 다른 모든 목적보다 선택할 만하다. 전자를 위해 후자가 추구되는 것이기 때문이다. 여기서 활동 자체가 행위의 목적인지, 활동과 구별되는 다른 무엇이 목적인지, 큰 차이는 없다.

'행위를 통해 성취될 수 있는 것들'의 목적이 있다고 하자! 이 목적은 성취할 수 있는 그 자체 때문에 바라는 것인가? 다른 것들도 그렇게 바라는가? 모든 일이 다른 것 때문에 선택하는 것이 아닌가? 그렇다고 한다면, 바라는 것은 무한히 나아간다. 그 결과 인간의 욕구는 공허하고 헛된 일이 된다.

이런 차원에서 '목적'은 '좋음'이다. 더구나 '최상의 좋음', 즉 '최고선(最高善)'일 것이라는 사실은 명백하다. 그런 만큼, 이에 대한 앎이 인간의 삶에서도 큰 무게를 가지지 않겠는가! 과녁을 향해 활을 쏘는 궁수(弓手)처럼, 마땅히 그래야 할 곳에 보다 잘 적중시키지 않겠는가?

그렇다면, 인간은 적어도, 개략적으로나마, 과연 이것이 무엇인지, 또 어떤 학문에, 또는 어떤 능력에 속하는지, 파악하도록 노력해야 하리라.

이런 인식에 기반하여 『격몽요결』을 보면, 그 「서문」은 '학문(學問)의 목적'을 엄밀하게 지시하고 있다. 그것은 교육에 관한 엄격한 정의(定義)이다. 조선 유학이 무엇을 지향하는가? 그 처절한 선언이다.

㉮ 人生斯世, 非學問, 無以爲人!
사람이 이 세상에 태어나 '학문'하지 않으면 바른 사람이 될 수 없다!
배움과 물음!

㉯ 所謂學問者, 亦非異常別件物事也.
'학문'이라는 것은 상식을 벗어나거나 일상의 일을 제쳐 놓고, 따로 해
야만 하는 특별한 사안이 아니다.

㉰ 只是爲父當慈, 爲子當孝, 爲臣當忠, 爲夫婦當別, 爲兄弟當友, 爲少
者當敬長, 爲朋友當有信.
학문은 일상의 다음과 같은 상식일 뿐이다.
부모는 자식을 마땅히 사랑하고, 자식은 마땅히 효도하며, 조직 구성
원은 마땅히 충실하고, 부부는 마땅히 분별이 있고, 형제자매는 마땅
히 우애하고, 젊은이는 마땅히 어른을 공경하고, 친구는 마땅히 신의
가 있어야 한다.

㉱ 皆於日用動靜之間, 隨事各得其當而已, 非馳心玄妙, 希覬奇效者也.
이는 모두 일상생활에서 행동할 때, 사안에 따라 각기 그 마땅함을 얻
을 따름이고, 마음을 아득하고 오묘한 곳에 이르게 하여 신기한 효과
를 바라는 것이 아니다.

'교육'을 상징하는 수많은 언표가 있다. 한글로 표기하면, '공부, 학
문, 학습, 훈련, 교화, 사회화' 등, 구체적인 의미는 조금씩 다르지만, 교
육으로 포괄할 수 있다. 그 가운데, '학문(學問)'에 관해, 어떻게 이해하

느냐의 문제는, 삶의 방향을 결정짓는 분기점이 된다. 정말, 두려워 할 만한 개념이다. 한글로는 '학문'으로 표기하지만, 한자로는 '학문(學問)'과 '학문(學文)'의 두 가지로 다르게 표기할 수 있다. 의미를 명확하게 이해하기 위해, 사전을 찾아보았다.

> 학문(學問): 어떤 분야를 체계적으로 배워서 익힘. 또는 그런 지식.
> 학문(學文): 서경, 시경, 주역, 춘추, 예(禮), 악(樂) 따위의 시서(詩書)와 육예(六藝)를 배우는 일.

다른 사전을 다시 검색해 보았다.

> 학문(學問): 지식을 배워서 익힘. 또는 그 지식.
> 일정한 이론을 바탕으로 하는 전문적으로 체계화된 지식. 인문 과학, 자연 과학, 사회 과학을 통틀어 이르는 말.
> 보고 들은 바가 많아 일의 선후나 사물의 본질을 분별하는 능력.

변별이 명확하지 않아, 또다시 검색 엔진을 작동해 보았다.

> 학문(學問): 지식(知識)을 체계적(體系的)으로 배워서 익히는 일. 또는 사물(事物)을 탐구(探究)하여 이론적(理論的)으로 체계화(體系化)된 지식(知識)을 세우는 일.
> 일정(一定)한 분야(分野)에서 어떤 이론(理論)을 토대(土臺)로 하여 체계화(體系化)한 지식(知識)의 영역(領域).

어! 이게 뭐지? 그냥 '학문'은 '학문'인가? 아니면, '학문(學問)＝학문(學文)'인가?

이번에는 중국어 사전에서는 어떻게 표현하는지 살펴보았다.

학문(學問): 做学问(zuòxuéwèn), 学问(xuéwèn), 学识(xuéshí).

이와 유사한 표현으로 '견문(見聞), 교육(教育), 교수(教授), 소양(素養), 수습(修習), 소학(所學), 술예(術藝), 술학(術學), 습학(習學), 실력(實力), 지식(知識), 학력(學力), 학수(學修), 학습(學習), 학식(學識), 학식(學殖), 학업(學業)'과 같은 용어가 나열되어 있다. 한국에서 쓰는 용어와 같은 것도 있고, 잘 쓰지 않는 다른 표현도 있다.

마지막으로 영어 사전을 들추어 보았다, 아주 간단한 몇몇 단어가 언급되어 있다.

학문(學問): study, learning, one's studies, science, scholarship, ology, lear.

한국어, 한자, 중국어, 영어 사전 등을 뒤지면서, 참 많이 배웠다. 문자로는 모두 알고 있는 용어들이고, 어느 정도 파악하여 일상에서 활용하는 개념들인데, 왜 이렇게 헷갈리지? 내가 잘못 알고 있는 건가? 아니면, 무언가에 가린 '몽(蒙)'으로서, 무지몽매한 엉터리인가? 곰곰이 생각해 본다. '학문(學問)'이 '학문(學文)'인가? 그런 것 같기도 하고 아닌 것 같기도 하다. 아무런 가식도 없이, 초등학교 수준에서의 문자 그대로 이해해 보기로 했다.

배울 '학(學)', 물을 '문(問)', 글월 '문(文)'

대학에서 한문(漢文)과 철학(哲學)에 입문하기 전, 초·중등학교 시절에 배운 그대로이다. 글자 하나하나를 다시 찾아보았다.

학(學): 배우다, 가르치다, 공부하다, 흉내내다, 모방하다, 설명하다, 강술하다, 그리다, 나타내다.

문(文): 문장(文章), 어구(語句, 글자, 문서(文書), 서적(書籍), 채색(彩色), 무늬, 예술(藝術), 법도(法道), 조리(條理), 현상(現狀), 산문(散文), 아름다운 외관(外觀), 꾸미다, 어지러워지다.

문(問): 묻다, 질문하다, 신문(訊問)하다, 방문하다, 문안하다, 알리다, 말하다, 선사(膳賜)하다, 논의하다, 예(禮)를 차리다, 소식(消息), 편지(便紙), 명성(名聲), 초빙(招聘), 명령(命令).

이 이외에도 의미가 더 있다. 여러 가지로 확장된 모습이 다채롭다. 이런 언어 게임에서 어느 장단에 몸을 맡겨야 하는가? 한참을 고심했다. 그러다가 갑자기, 대학 시절 동양철학 시간에, 50분 수업 가운데 30분 이상, 피를 토하듯 열강하시던 중천(中天: 金忠烈, 1931~2008) 선생의 일갈(一喝)이 떠올랐다.

제대로 학문하고 연구하고 공부하려거든, '사전적 의미를 파괴하라!' 절대, 사전에서 정의한 특정한 설명에 의존하거나 얽매이지 마라! 그것은 참고 자료일 뿐이다. 사전적 정의를 무조건 따르다가는 학문에 심각한 해독(害毒)을 끼칠 수 있다! 기존의 사전적 의미를 존중하면서도 해체하고, 사전에 수록하지 못한 개념을 탐구해야 한다. 사전을 해체하고 재구성하라! 그것이 학문의 본령(本領)이다.

이 기억을 더듬어 붙잡고, 몽(蒙)의 상황으로 돌아왔다. 무지몽매의 백지(白紙)! 그 비어 있는 서판(書板)에서, '학문'을 문자 그대로만 다시 보았다.

학문(學文): 글을 배우다.
학문(學問): 배우고 묻다.

그리고 유학의 '교화(敎化)'를 성찰했다. 군주(君主) 시대의 왕(王)은 정치(政治)와 교화(敎化; 교육)라는 두 수레바퀴를 어떻게 굴리며 국가 사회를 이끌었을까? 분명한 것은 정치와 교육을 분리하여 관리 운영할 수는 없었다는 점이다. 어떤 상황이건 정치와 교육의 표리일체(表裏一體)를 지향하며, 개인과 사회를 조절해 나갔다. 그것이 학문의 과정이었다. 그런 만큼, '학문'은 유학 교육의 정곡(正鵠: vital point)을 찌르는 표현이다.

이 지점에서 잠시 멈췄다. 위에서 구구절절이 사전적 정의를 검색한 내용과 결부하여, 학문의 개념에 새로운 의미를 부여할 필요를 느꼈다. 한글로는 '학문'으로 표기하지만, 한자로는 다른 두 단어〔學文/學問〕를 어떻게 해체하고 재구성해야 하는가? 일반적으로는 동일한 개념 또는 유사한 개념으로 인식할지라도, '학문(學文)'을 '학문(學問)'과 달리 정돈해야 한다는 말이다.

학문(學問)! 즉 '배우고 묻다!' 그것은 자체가 인생의 이념이요 본

질이다. 삶의 과정이고 행위이며 목적이다. '학문(學文)'이라는 표현은
뉘앙스를 달리한다. 글이나 문화(文化), 문명(文明) 등 지식 자체가 배
움의 대상이고 목표이다. 이는 문(文)의 습득과 이해라는 구체적 학습
목표를 가진다.

여기, '㉮ 인생사세(人生斯世), 비학문(非學問), 무이위인(無以爲人)!'
이 엄격한 문구가 지시하는 학문(學問)은 유학에서 교육의 자리를 점
검한다. 그것은 '글을 배운다'라는 '학문(學文)'의 이론적 울타리를 넘어,
인간 사회의 질서와 인생 전체를 관통하는 삶, 그 끊임없는 물음과 배
움의 실천적 과정임을 적시한다. 그렇다고 학문(學文)을 소홀히 하거나
배제한다는 말은 결단코 아니다! 그것을 바탕으로, 보다 중요한 사안
이나 인간 사회의 궁극 목적을 선명하게 드러내려는 최고선의 지향이
다. 아리스토텔레스의 언급을 빌리면, 인생에서 가장 '좋음'이다! 최고
선!

최고선으로서의 학문(學問), 그 배우고 묻는 과정은 인간의 전체
삶 가운데서 진행된다. 요람에서 무덤까지 끝이 없다. 인생의 여정 자
체인 생활(生活)이나 평생교육(平生敎育)의 차원에 자리한다. 그것이 몽
괘(蒙卦)의 '발몽(發蒙)에서 격몽(擊蒙)에 이르는' 무지몽매의 깨달음이
나 깨우침의 역정(歷程)이다. 희로애락애오욕(喜怒哀樂愛惡慾)으로 표현
되는 칠정(七情)의 변증법적 지속 가운데 진행을 거듭하는, 개인의 인
격 완성, 그리고 사회의 유지·개혁으로 이어지는, 교육의 본질이다.

배우고 물어라! 교육은 그것의 역동성에 기반한다! 그 교육을 바
탕으로 사람은 사람으로 탄생한다.

서구 대학 최초로, 독일의 쾨니히스베르그대학에서 '교육학 강의'
를 개설하여, 직접 강의했던 칸트(Immanuel Kant, 1724~1804)도 율곡과

유사한 의미의 교육론을 설파했다. 칸트의 『교육론』은 다음과 같은 교육의 핵심 의미를 강조하면서 시작된다.

인간은 교육받아야 할 '유일한 피조물(被造物)'이다!
Man is the only creature that needs to be educated!

이때 교육은 '양육(養育)', '훈육(訓育)', '교수(敎授)' 또는 '육성(育成)'이라는 의미이다. 이는 '몽(蒙)' 괘에서 말한 깨우침이나 깨달음의 과정처럼, 유아에서 아동, 그리고 성인으로 성장하는 일이다. 칸트는 동물로서 짐승이 지닌 본능과 사람의 본성, 나아가 그들이 추구하는 삶의 목적을 분명하게 구분한다.

짐승은 어떤 능력을 습득하게 되면, 자신에게 해가 되지 않는 방식으로, 규칙적으로 이를 사용한다. 예를 들면, 새끼 제비의 경우, 알에서 갓 깨어나 아직 눈도 뜨지 못한 상태에서도 자신의 배설물을 둥지 밖으로 밀어낼 줄 안다. 이런 본능으로 사는 짐승은 양육(養育)이 필요하지 않다. 어쩌면 저들의 본능은 태생적으로 '몽(蒙)'이 끼어들 틈이 없다. 덮여 가려져 있거나 무지몽매함이 없이, 거의 완전무결하거나 완벽에 가깝다. 그러기에 기껏해야 먹이를 가져다주는 것을 비롯하여 약간의 보호(保護)만을 필요로 한다. 대부분의 짐승은 생물학적으로 몸을 유지할 영양공급이 필요할 뿐, 사람과 같이 보살피는 양육이 필요하지 않다.

주역의 '몽(蒙)'과 율곡의 '학문(學問)'을 칸트의 '양육'에 빗대어 응용하면, 무지몽매한 존재로서 인간은 자신의 능력을 해로운 방식으로 사용하지 않도록, 사전에 배려(配慮: care)가 요청된다. 이때 배려는 기본적으로 '부모의 보살핌'이다. 나아가 2차, 또는 3차의 수준에서 그것은 '스승의 가르침'이나 '사회의 각종 돌봄'이다. 이는 '몽'을 깨우치며 배우고 묻는 과정에서, 교육의 주요 양식인 '훈육(訓育)'과 직결된다. 칸트는 훈육에 다음과 같은 의미를 부여했다.

훈육은 동물성을 인간성으로 변화시킨다!

인간을 제외한 모든 동물은, 본능(本能)에 따라, 이미 모든 것이 갖추어졌다. 조물주(造物主), 즉 신(神)이 그들을 위해, 선천적으로 준비해 놓은 것이다. 그러나 인간은 다르다. 자신의 이성(理性)을 필요로 한다. 인간은 다른 동물과 달리 '자기 행동의 계획'을 스스로 세워야만 한다. 문제는 지금의 상황이다. 앞에서 '몽(蒙)'이라는 말로 상징되었듯이, 당장 그렇게 행할 능력은 없다! 무지몽매하므로 스스로 헤쳐 나가기 힘들다. 칸트는 이러한 '몽(蒙)'을 '미성숙(未成熟) 상태'로 표현한다. 인간은 미성숙 상태로 세상에 태어나기 때문에, 다른 사람이 몽매한 그를 대신하여, 행동의 계획을 세워주어야 한다. 이런 차원에서, 인간 사회의 임무는, 인간의 자연적 소질을 자신의 노력으로, 자기 자신에게서 끌어내야 한다. 이것이 앞에서 언급했던 '발몽(發蒙)'이자 '포몽(包蒙)', 그리고 더욱 나아가 '격몽(擊蒙)'이다.

'몽(蒙)'의 타파! 그 훈육은, 인간이 자기의 동물적 충동 때문에 자신의 본모습인 인간성에서 벗어나는 일이 발생하지 않도록 지켜준다. 인간이 야만적 상태에 그대로 머물지 않고, 또 무모하게 위험에 뛰어들지 않게 격려한다. 그러나 '몽(蒙)의 깨침' 가운데, 훈육은 단지 '소극적 작용'으로, 인간에게서 짐승 수준의 야만성을 제거하는 활동이다.

훈육을 넘어서는 '교수'는 '몽(蒙)'의 다른 차원을 제시한다. 그것은 교육의 '적극적 활동'이다. '몽'을 일깨워 깨우쳐주는 수동적 양상을 넘어, '몽'을 깨닫고 더 큰 깨달음으로 나아가는 가교(架橋)이다. 짐승 수준의 야만성은 인간 사회의 법칙을 따르지 않는다. 그러기에 훈육을 통해, 인간을 인간성의 법칙 아래 두고, 그에게 법칙의 강제를 느끼게 만든다. 이 작업은 어린 시기에 일찍 행해져야 한다. '몽'의 시기에 말이다.

대부분의 인간은 어린 시기에 학교로 간다. 몽매한 인간을, 왜, 일찍부터 학교에 보낼까? 그 이유를 깊이 되새겨 보라. 칸트는 말한다.

어린 시기에 일찍부터 학교에 보내는 이는, 어린아이, 즉 무지몽매한 존재가 거기에서 특정한 지식을 배우도록 하기 위해서가 아니다! 그보다는 조용히 앉아 있는 차분한 태도와 아이에게 제시되는 사안을 정확하게 관찰하는 데 익숙해지도록 만들기 위해서이다. 그렇게 함으로써, 아이는 그에게 떠오른 모든 생각을, 즉흥적으로, 실행에 옮기지 않게 된다.

그런데 인간에게는 본래 자유를 향한 강한 성향이 있다. 잠시라도 자유를 누리는 데 익숙해진다면, 인간은 자유를 위해 모든 것을 희생할 수 있다. 이 때문에 훈육은 아주 일찍부터 행해져야 한다. 그렇지 않으면, 무지몽매한 수준의 인간은, 자기의 기분이 내키는 대로 행동하는 야만성, 짐승 수준의 미개한 우리에 갇힌다. 그런 상태가 지속될 경우, 나중에 인간을 변화시키기 어려울 수 있다. 이는 어려서부터, 무지몽매한 상황에서 이성의 지시를 따르는 데 익숙해야 함을 의미한다.

인간을, 무지몽매한 시절부터 제멋대로 해동하도록 방치하고, 그 어떤 것도 그의 뜻을 거스를 수 없게 해보라! 그는 평생에 걸쳐 그런 제멋대로의 야만성을 지니고 살게 될 것이다. 이러한 삶의 방식은, 결코 인생의 여정에 유용하지 않다. 특히, 어린 시절, 부모의 지나친 사랑으로, 과보호(過保護: overprotection)를 받은 이들의 경우에, 도움이 되지 않는다. 그런 사람은 인간 사회에 나와 세상살이를 시작하자마자, 여러 방면에서 그만큼 더 많은 저항에 직면한다. 그 충격을 어찌할 것인가!

인간은 본질적으로 자유를 향한 성향을 지닌다. 그 때문에 야만성을 제거하는 훈육이 필수적이다. 훈육은 '발몽(發蒙)'에서 언급한, '비아구동몽(匪我求童蒙), 동몽구아(童蒙求我)!'이다. 철부지의 요청 사항을 강제적으로, 또는 의무적으로, 알려주는 교육이다. 그러나 '몽'에 대한, 몽매한 존재의 교육이 여기에 그쳐서는 안 된다. 흔히 말하는, 업그레이드가 필요하다.

그것을 '육성(育成)'으로 표현할 수 있다. 이는 '포몽(包蒙)'을 거쳐 '격몽(擊蒙)'에 이를 때처럼, '과행육덕(果行育德)'의 열정과 노력이 스며들어야 한다. '양정(養正)'이라는 목적을 향해 질주해야 한다. 다시 강조하지만, 인간 이외의 동물은 양육, 훈육, 교수, 그리고 육성이 필요하지 않다. 이런 점에서 또다시, 필연적으로, 칸트는 인간 사회를 향해 부르짖는다.

인간은 교육을 통해서만 인간이 될 수 있다.
인간은 오로지 교육의 산물이다.
인간은 또한 교육받은 인간을 통해서만 교육되어 진다.

이러한 칸트의 호소는, 율곡이 『격몽요결』「서문」의 첫머리에서 제시한 '㉑ 인생사세(人生斯世), 비학문(非學問), 무이위인(無以爲人)!-사람이 이 세상에 태어나 학문하지 않으면 바른 사람이 될 수 없다!'라는 엄중한 선언과 놀라울 정도로 유사한 교육적 시선을 보여준다.

그렇다면, 무엇을 배우고 물어야 하는가? 정치(精緻)하고 심오(深奧)한 지식인가? 고상(高尙)하고 특별(特別)한 도덕인가? 일반적으로 말하는, '지식' 교육인가, '도덕' 교육인가? 지식이라면 어떤 지식이고, 도덕이라면 어떤 도덕인가? 율곡의 언표는 단호하다.

학문은 '이상별건(異常別件)'이 아니다. 사물에 대한 지식이나 인간 사회의 행위에 벗어난, '이상(異常)'도 '별건(別件)'도 아니다. 그것은 인간 사회의 상식을 벗어나거나 따로 행해야 하는 특별한 일이 아니라는 말이다. 그 구체적 내용이 ㉯에서 노출된다. '부모는 자식을 마땅히 사랑하고, 자식은 마땅히 효도하며, 조직 구성원은 마땅히 충실하고, 부부는 마땅히 분별이 있고, 형제자매는 마땅히 우애하고, 젊은 이는 마땅히 어른을 공경하고, 친구는 마땅히 신의가 있어야 하는 상식일 따름이다.'

㉯의 원문인 '只是爲父當慈, 爲子當孝, 爲臣當忠, 爲夫婦當別, 爲兄弟當友, 爲少者當敬長, 爲朋友當有信.'에는 무려 일곱 개의 '당(當)'자가 개입되어 있다. 당(當)! 이 한 글자를 주목하라!

'당(當)'은 일반적으로 '마땅히 그러해야 한다'라는, 당연함이라는 강력한 '의무'가 부과된다. 그것이 '임무나 책임을 맡다'라는 뜻으로 확장되었다. '당(當)'은 '밑바탕'이나 '바닥'이라는 뜻으로도 쓰이는데, 이 또한 인간의 본분과 연관되어, 기본적으로 '어떤 내용을 바탕에 깔고 있다'라는 말이 된다. '당하다'나 '대하다', 또는 '주관하다', '때를 만나다', '당면하다' 등의 의미도 '당(當)'이라는 한 글자를 적절하게 표현하는 말이다.

‘마땅하다’와 연관되는 영어식 표현도 의미를 더해 준다. ‘마땅히’는 ‘자연스럽게(naturally)’나 ‘적합하게(suitably)’ ‘올바르게(rightly)’ ‘정당하게(rightfully)’ ‘공명하게(justifiably)’ ‘적절하게(correctly)’ ‘당연히(by due)’ 등과 같은 단어로 설명된다. 그런 만큼, ‘마땅히 해야 한다!’라는 ‘당(當)’, 이 한 글자는, 인간 사회에서 윤리의 가치가 어떤 것인지를 심각하게 지시한다.

유교 최고의 가치로서 ‘인륜(人倫)’의 핵심 덕목인 ‘오륜(五倫)’이 도대체 무엇이란 말인가!. 다섯 가지 윤리 시스템인 오륜은 『맹자』「등문공」상에 기록되어 있다.

后稷, 敎民稼穡, 樹藝五穀. 五穀熟而民人育. 人之有道也, 飽食煖衣, 逸居而無敎, 則近於禽獸. 聖人有憂之, 使契爲司徒, 敎以人倫. 父子有親, 君臣有義, 夫婦有別, 長幼有序, 朋友有信.
후직이 사람들에게 농사짓는 법을 가르쳐 오곡을 심고 가꾸게 하였다. 오곡이 잘 익어 풍년이 들자 사람들이 잘 먹고 잘살게 되었다. 인간에게는 기본적인 도리가 있다. 그런데 인간이 배불리 먹고 따뜻이 옷을 입어 편안히 거처하기만 하고, 가르침이 없으면, 짐승에 가까워진다. 성인이 이를 근심하여 설을 사도로 삼아 인륜을 가르치게 하였다. 그 내용은 다섯 가지 윤리이다. 첫째, 부모와 자식 사이에 친함이 있다. 둘째, 지도자와 구성원 사이에 의리가 있다. 셋째, 남편과 아내 사이에 분별이 있다. 넷째, 어른과 아이 사이에 차례가 있다. 다섯째, 친구와 친구 사이에 믿음이 있다.

이에 관한 해설이 『동몽선습(童蒙先習)』에 잘 정돈되어 있다. 율곡이나 칸트와 거의 동일한 인식이 그 머리말에도 보인다.

이 세상의 모든 사물 가운데 사람이 가장 중요하다. 사람을 중요하게 여기는 까닭은 다섯 가지 인간 사회의 윤리, 즉 오륜(五倫)이 있기 때문이다. 맹자가 말한, '부자유친(父子有親)', '군신유의(君臣有義)', '부부유별(夫婦有別)', '장유유서(長幼有序)', '붕우유신(朋友有信)'이다.

인간으로 태어난 이상, 사람으로서 반드시 알아야 한다! 이 다섯 가지 윤리가 종횡으로 엮이며, 사회를 구성하는 핵심 덕목이라는 사실을. 그렇지 못하면, 인간은 짐승과 다름없다. 이 때문에 부모는 자식을 사랑하고 자식은 부모에게 효도하며, 지도자는 구성원을 의리로 마주하고 구성원은 지도자에게 충실하며, 남편은 아내에게 화평하고 아내는 남편에게 유순하며, 형제자매 사이에 형은 동생에게 우애하고 동생은 형에게 공손하며, 친구 사이에는 착한 마음으로 서로 도와야 한다. 그런 다음에야 사람다운 사람이라 할 수 있다.

유학을 삶의 중심으로 삼았던 사회는 윤리에 매우 엄격하다. 조선시대도 마찬가지다. 부모 자식 사이에는 '자효(慈孝)'의 미덕이, 임금과 신하 사이에는 '의충(義忠)', 남편과 아내 사이에는 '화순(和順)', 형제자매 사이에는 '우공(友恭)', 친구 사이에는 '보인(輔仁)'의 덕목이 추상(秋霜) 같다.

첫째 윤리인 '부자유친'을 보자.

이는 문자 그대로 풀이하면, '부모와 자식 사이에는 친함이 있다!'라는 뜻이다. 여기에서 '친(親)'이라는 상징어가 관건이다. 아니, 사람 사이에 '친밀한 관계'가 어디 '부모-자식' 사이에만 성립하는가! 아니다.

사람 사이에 관계가 좋은 경우, 대부분의 사람은 서로에 대해, 친밀한 관계라고 표현한다. 그렇다면, '부모-자식 사이의 친함'은 일반적인 사람 사이의 친밀함과 무엇이 다른가? 결정적 차이가 있다.

부모와 자식 사이의 관계는, 억지로 만들어지는 것이 아니다. 혼인 관계를 통해, 피로 맺어지는, 이른바 하늘이 만들어 준 친밀함이다. 즉, '부모-자식 사이'는 가장 직접적인 1차적 혈연관계이다. 그래서 '피붙이' 또는 '겨레'라고 부르기도 한다. 이는 시공을 초월하여 영원히 변하지 않으며, 절대 끊을 수도 없다. 그것을 '친(親)'이라는 표현으로 썼다. 그러므로 '친(親)'의 의미는 사회적으로 형성된 2차적 관계, 즉 뒤이어 나오는 '의(義)·별(別)·서(序)·신(信)'과는 그 성격이 상당히 다르다. 오륜 가운데 '부자유친'만이, '하늘이 맺어준 관계'라는 의미에서, 인륜이면서도 '천륜(天倫)'이라는 별도의 용어를 사용한다.

'부자유친'으로 다시 돌아와 해석해 본다. 부모는 자식을 낳아 기르고 사랑하며 가르친다. 자식은 부모를 받들고 뜻을 이어 효도하며 봉양한다. 그런 본분의 실천을 통해, 부모는 올바른 도리로 자식을 가르쳐 나쁜 길로 들지 않게 한다. 자식은 부드러운 말로 부모의 잘못이 있으면 충고하고, 살고 있는 마을이나 지역 사회에서 나쁜 소리를 듣지 않게 한다. 부모가 자식을 자식으로 대하지 않고, 자식이 부모를 부모로 받들지 않는다면, 무슨 낯으로 세상을 살 수 있겠는가? 어쩌다가 자식이 자식 노릇을 제대로 하지 못하는 경우일지라도, 이 세상에 자식을 생각하지 않는 부모는 없다. 때로는 부모가 자식을 사랑하지 않을지라도, 자식은 효도하지 않으면 안 된다.

둘째 윤리, '군신유의'이다.

군신(君臣)은 군주 시대, 왕정 사회의 '군주'와 '신하'를 말한다. 왕과 그 이외의 모든 사람을 지칭하기도 한다. 현대 민주주의 사회에서는 몇몇 나라의 상징적 군주를 제외하고, 군주와 신하는 존재하지 않는다. 이에 군주는 국가 사회의 '지도자'로 신하는 사회 '구성원'인 시민으로 전환하여 풀이해 본다. 물론, 이런 도식은 군주주의와 민주주의의 내용만큼이나 간극이 있고, 위험할 수 있지만, 편의상 설명의 방편(方便)으로 삼아본다.

'군신유의'는 '지도자와 구성원 사이에는 의리가 있다!'라는 정도로 의역된다. 그런데 지도자와 구성원은 하늘과 땅처럼 구별되는 관계이다. 지도자는 높은 지위에 있어 귀하며, 구성원은 낮은 지위에 있어 천하다. 높고 귀한 지도자가 낮고 천한 구성원을 부리고, 낮고 천한 구성원이 높고 귀한 지도자를 섬기는 것은, 계급 계층이 존재하는 세상 어디에서나 통용될 수 있다. 옛날부터 지금까지 인간 사회의 보편적인 법칙처럼 여겨졌던 의리이다. 이 때문에 지도자는, '봄-여름-가을-겨울', 사계절이 순환하는 것처럼, 그런 자연의 섭리를 본받아, 인간 사회에 명령을 내리고, 구성원은 그런 지도자를 도와 착한 일을 권하고 악한 마음이 싹트지 않도록 막는다. 지도자와 구성원의 관계를 이루었다면, 각각 자신의 도리를 다하여 서로 협력하고 공경하여 아름다운 사회를 만들어야 한다.

지도자와 구성원의 관계는 '부자유친'과 같은 혈연관계가 아니다. 임무나 일, 업무상 자신의 책무를 다하는 사회적 약속의 관계이다. 이 약속의 관계를 '의(義)', 또는 '의리(義理)'라고 한다. 그런데 지도자가 리더(leader)의 도리를 다하지 못하고, 구성원이 맡겨진 임무인 직분을 다하지 못하면, 힘을 합쳐 국가 사회나 조직을 제대로 관리하고 운영해 나갈 수 없다. 그러기에 공자가 『논어』「팔일」에서 말하였다.

君, 使臣以禮!

臣, 事君以忠!

지도자는 예의를 다하여 구성원을 대우하라!

구성원은 충실하게 마음을 다하여 지도자를 모셔라!

셋째 윤리, '부부유별'이다. 남편과 아내 사이에는 분별이 있다.

남편과 아내는, 서로 다른 두 성(姓)이 합쳐지면서, 가정을 이룬다. 그러기에 사람이 태어나는 출발점이자, 사회의 세포를 형성하는 근원으로서, 모든 복(福)의 근원이다. 지금은 분위기 자체가 상당히 달라졌지만, 옛날에는 중매(仲媒)를 통하여 혼인을 의논했다. 중매는, 성격은 다르지만, 오늘날에 비유하면 소개팅 정도로 이해할 수 있다. 그리고 폐백(幣帛), 즉 예물을 들여 직접 사람을 맞이했는데, 이는 남편과 아내 사이의 분별을 명확하게 하려는 행위이다. 이 때문에 아내를 맞이하되 같은 성을 취하지 않으며, 집을 짓되 안과 바깥을 분별하여, 남편은 밖에 거처하여 안의 일을 말하지 않고, 부인은 안에 거처하여 밖의 일을 말하지 않는다. 남편은 굳센 자세로 하늘의 건전한 도리를 본받고, 아내는 부드러운 태도로 몸가짐을 바르게 하여 땅의 순종하는 의리를 받든다. 그러면 집안의 법도가 바로잡힌다. 이와 반대로 남편이 아내를 적절하게 제어하지 못하여 바른 법도로 통솔하지 못하고, 아내는 남편의 잘못을 틈타 올바른 도리로 섬기지 않으며, '삼종지도(三從之道)'를 알지 못하고, '칠거지악(七去之惡)'이 있으면 집안의 법도가 무너진다.

'삼종지도'나 '칠거지악'은 현대 민주사회에서는 찾아보기 힘들 뿐만 아니라, 경계해야 하는 전통 윤리 체계이다. 하지만, 또 다른 시각에서 보면, 여러 측면에서 생각해 볼만한 의미가 담겨 있다.

三從之道: 夫嫁從父. 旣嫁從夫. 夫死從子!
부인에게는 세 가지 따라야 할 도리가 있다.: 첫째, 시집가기 전에는 부모를 따른다. 시집가서는 남편을 따른다. 남편이 죽으면 자식을 따른다!

七去之惡: 不順父母出者, 無子者, 淫僻者, 嫉妒者, 惡疾者, 多口舌者, 竊盜者.
남편이 아내를 내쫓을 수 있는 나쁜 행실 일곱 가지가 있다.: 첫째, 시부모에게 순종하지 않을 때, 둘째, 자식이 없을 때, 셋째, 음란한 행동을 할 때, 넷째, 시기 질투할 때, 다섯째, 몹쓸 질병에 걸렸을 때, 여섯째, 말이 지나치게 많을 때, 일곱째, 도둑질했을 때이다.

三不去: 有所取, 無所歸. 與更三年喪. 前貧賤後富貴.
아내를 내쫓지 않아야 하는 세 가지 행실이 있다.: 첫째, 맞이해 온 곳은 있으나 돌아갈 곳이 없을 때, 둘째, 함께 3년상의 장례를 치렀을 때, 셋째, 이전에는 빈천하다가 이후에 부귀해졌을 때이다.

그러므로 남편은 자기 몸을 공경하여 아내를 잘 거느리고, 아내는 자기 몸을 공경하여 남편을 잘 받들어, 내외가 서로 응하고 서로 따라야 부모가 편안하고 즐거워한다. 자사가 『중용』 12장에서 말하였다.

君子之道, 造端乎夫婦!
훌륭한 사람의 도리는 부부 사이의 관계에서 비롯된다!

넷째 윤리, '장유유서'이다. 어른과 아이, 달리 말하면, 성인과 아동 사이에는 차례가 있다.

어른과 아이 사이는, 그 늙고 젊은 기운으로 인해, 자연스럽게 차례가 지어진 관계이다. 집안에서 형〔언니·오빠〕은 형으로서 동생은 동생으로서 각자의 역할을 하는 것에서 어른과 아이의 도리가 유추되어 나왔다. 집안이라는 가문과 마을이라는 지역 사회는 모두, 그 구성원인 어른과 아이가 있다. 그런 만큼, 어른과 아이 사이의 규칙을 두고, 질서를 문란하게 만들어서 안 된다.

천천히 걸어 어른의 뒤에 쳐져 가는 것을 공손하다고 하고, 빨리 걸어 어른을 앞질러 가는 것을 공손하지 못하다고 한다. 이 때문에 길을 걸어갈 때나 평소 마주할 때, 나이가 두 배가 많으면 부모와 같이 모시고, 열 살이 많으면 형으로 대우하며, 다섯 살이 많으면 어깨 정도의 거리를 두고 뒤따라간다. 어른은 아이를 사랑하고, 아이는 어른을 공경해야, 젊은이를 업신여기거나 늙은이를 능멸하는 폐단이 없어져, 사람의 도리가 바르게 된다. 형제자매는 같은 기운을 타고난 사람이다. 뼈와 살을 나눈 아주 가까운 관계이니 더욱 우애하고, 노여움을 마음에 감추고 원한을 묵혀, 인간 사회의 도리를 무너뜨려서는 안 된다.

『맹자』「진심」상에 다음과 같이 기록되어 있다.

孩提之童, 無不知愛其親, 及其長也, 無不知敬其兄也!
어린아이라 할지라도 그 부모를 사랑할 줄 모르는 경우가 없으며, 어른이 되어서는 그 형을 공경할 줄 모르는 사람은 없다!

다섯째 윤리, '붕우유신'이다. 친구와 친구 사이에는 믿음이 있다.

친구는 성향이나 부류가 같은 사람이다. 흔히, '벗'이라고 한다. 이 친구 사이의 사귐에 서로 다른 양상이 있다. 『논어』「계씨(季氏)」에 의하면, 세 가지의 유익한 사귐이 있고, 세 가지의 해로운 사귐이 있다. '정직하고, 착실하고, 들은 것이 많은 사람'을 사귀면 유익하다. '한쪽으로 치우치고, 굽실거리고, 말재주만 뛰어난 사람'을 사귀면 손해를 본다. 『맹자』「만장」(하)에 보면, '친구는 그 사람의 덕성을 보고 사귄다!' 라고 했다.

최고 정치 지도자로부터 보통 사람에 이르기까지, 친구를 통해 자신의 인격을 이루지 않은 사람은 드물다. 친구 사이는 그 관계가 겉으로 보면 소원한 것 같지만, 사실은 아주 가깝다. 이 때문에 친구를 사귈 때는 반드시 '단정하고, 자기보다 나은' 사람을 가려서 만나야 한다. 신뢰를 지키며 좋은 일을 권면하고, 진심으로 충고하여, 착한 행위를 하도록 인도한다. 그렇게 하는 데도 신뢰가 무너지고, 착한 행위를 하지 않는 쪽으로 빠져들면, 친구 관계를 끊는다. 학문과 덕행을 닦으면서 서로 사귀지 않고, 장난하고 농담하는 짓을 일삼으며 서로 가깝게 지내면, 오래 사귀었더라도 참된 친구로 남을 수 없다.

『중용』(20장)에 보면, 다음과 같은 공자의 말이 등장한다.

不信乎朋友, 不獲乎上矣.

信乎朋友, 有道.

不順乎親, 不信乎朋友矣.

친구에게 신뢰를 얻지 못하면 윗사람에게도 인정받지 못한다.

친구에게 신뢰를 얻는 데도 법도가 있다.

부모에게 순종하지 않는다면, 친구들의 신뢰를 받지 못한다.

다시 확인한다.

㉮ 人生斯世, 非學問, 無以爲人!
사람이 이 세상에 태어나 학문하지 않으면 바른 사람이 될 수 없다!

㉯ 所謂學問者, 亦非異常別件物事也.
학문이라는 것은 상식을 벗어나거나 따로 해야만 하는 특별한 일이
아니다.

㉰ 只是爲父當慈, 爲子當孝, 爲臣當忠, 爲夫婦當別, 爲兄弟當友, 爲少
者當敬長, 爲朋友當有信.
부모는 자식을 마땅히 사랑하고, 자식은 마땅히 효도하며, 구성원은
마땅히 충실하고, 부부는 마땅히 분별이 있고, 형제자매는 마땅히 우
애하고, 젊은이는 마땅히 어른을 공경하고, 친구는 마땅히 신의가 있
어야 하는 상식일 따름이다.

이 '㉮-㉯-㉰'의 유기체적 상황을 거치면서, 학문(學問)하는 이유
와 목적, 그리고 내용이 그려졌다. 이제 '학문'을 '교육'으로 치환하여 독
해해 본다. 다시 상기(想起)하자!

교육의 목적은 사람 구실을 제대로 하기 위한 '위인(爲人)'이다. 그
반대의 언표로 다시 강조하면, 교육하지 않으면 인간답게 성장할 수가
없다! 그것은 칸트의 호소에서도 확인되었듯이, '인간은 오직 교육을
통해 인간이 될 수 있다!' 이런 판단 이상의, 교육에 대한 필요성이나
이유는 없으리라. 교육을 받아야만 인간이 된다는 사실! 그것만이 인

간 사회에 살아남을 유일한 진리인지도 모른다.

교육의 내용도 분명하게 그려졌다. 조선 유학에서 교육은, 조선에만 독특한 별도의 내용이 아니다. 동아시아 유교의 보편적 특징인, 맹자의 '명인륜(明人倫)'을 벗어나지 않는다. 그것은 오륜(五倫)을 드러내어 밝히고, 실천하는 작업으로 일관되었다. 유학의 교육 내용은, 공맹(孔孟) 이래, 유학이 시대를 풍미했던 시기에는 어떤 곳을 막론하고, 오륜이 그 중심에 있었다.

문제는 오륜의 구현(具現) 양식이다. ㉔는 교육이 펼쳐지는 마당〔場: field〕과 교육의 방식을 구체적으로 일러준다. 그 마당은 '이때 이곳'이라는 강력한 '현실(現實)'의 시공간이다. 현실의 활기 넘치는 삶에서 실천되어야 한다. 그 현실은 '일용(日用)'이고, 활기 넘치는 삶의 현장은 '동정지간(動靜之間)'이다.

'일용'은 말 그대로 '날마다 쓰다!'이다. 매일 사용하는, 육하원칙(六何原則)의 대장정! 그것은 '일상생활'을 의미한다. 기독교의 「주기도문(主祈禱文)」에 나오는 '오늘 우리에게 일용할 양식을 주시옵고(Give us today our daily bread)'의 그 '일용(daily)'이다. 데일리(daily), 즉 일용은 매일(每日)이다. '일일' 또는 '하루'이기도 하지만, '매일 일어나는, 또는 매일 행해지고 만들어지는' 나날! 인간 사회의 일상생활을 뜻한다.

이 일상생활의 역동성(力動性: dynamic)을 '동(動)'과 '정(靜)'이라는 두 가지 대별 요소로 상징한다. '동'은 움직임이고 '정'은 고요함이다. 그러므로 '동정'은 일상생활에서 이리저리 움직이는 행위를 나타낸다. 움직였다 멈추고 멈췄다가 또 움직이고, 일하고 쉬고 쉬었다가 또 일하고, 깨어 있다가 자고 또 자다가 깨어 있는, 이와 같은 모든 행위를 통틀어 '동정'이라 한다. 이런 의미에서 '동정'은 삶의 상황 그 자체이다.

생활 자체(Life itself)!

'동정지간(動靜之間)'에서 '간(間)'은 '사이'라는 의미지만, 일반적으로 때를 의미하는 '시(時)'나 일을 뜻하는 '사(事)'와 같은 개념으로 쓰인다. 이른바 '시사(時事)'라고 했을 때, '당시에 생긴 여러 가지 일'이라고 하듯이, '간(間)'은 '매일 발생하는 모든 삶의 상황'이라고 이해하면 무리가 없다.

이런 '일용동정지간(日用動靜之間)'에서, 교육은 어떤 방식을 취하는가? 그 한 마디가 ㉺의 '수사각득(隨事各得) 기당이이(其當而已)'이다. 네 글자로 줄여본다면, '사득기당(事得其當)!'쯤 될 것 같다.

일상의 사안에 따라 각기 그 마땅함을 얻을 뿐이다!

여기에서 '수사(隨事)', 즉 '사안에 따라', 또는 '일에 따라', '상황에 따라'에서, '사(事)'는 앞에 나온 오륜의 내용을 중심으로 펼쳐지는 모든 인간관계를 뜻한다. 모든 일에는 그에 합당한 처리 방식이 있게 마련이다. 사안마다, 특성에 따라, 관계 속에서 마땅히 지켜야 할 도리나 법칙을, 그에 알맞게 해야 한다는 말이다.

㉺의 원문 '只是爲父當慈, 爲子當孝, 爲臣當忠, 爲夫婦當別, 爲兄弟當友, 爲少者當敬長, 爲朋友當有信.'를 예로 들어 보자.

'爲父, 爲子, 爲臣, 爲夫婦, 爲兄弟, 爲少者, 爲朋友'는 '사(事)'의 내용들이다. '慈, 孝, 忠, 別, 友, 敬長, 有信'은 '당(當)'에 해당한다. '사'는 펼쳐진 인생의 마당이고, '당'은 그 마당에서 실천하는 행위의 특징이다. '마땅히', 그 일에 맞게 이행하라!

모든 일은 그에 합당한 이치가 있고, 이치에 맞아야만, 그 사업이

순조롭게 진행된다. 어떤 형태이건, 인생의 여정에서, 일은 반드시 존재한다. '동정(動靜)'의 사이에서, 한순간도 쉼 없이, 일은 새로운 양상으로 생겨나 꿈틀거린다. 그것이 눈에 띄게 드러나건 드러나지 않건, 새롭게 발생한 일은, 마음과 몸을 통해 전개된다. 어쩌면, 인생이라는 존재 자체가 '일'이다. 이때, '잘 산다!' '좋다!' '최고다!' '아름답다!' 등과 같이, 삶의 만족은 '당(當: 마땅하다)'이라는 본분, 그 책임과 의무, 나아가 권리를 구현하는 데서 나온다.

교육은 이런 생활의 시사(時事)에서 상식(常識)을 확보하여, 삶의 충족을 얻기 위한 노력에 다름아니다. 그러기에 '교육받은 인간(Educated Man)'에게 요청되는 덕목 가운데 하나가 '교양(敎養)'의 구비와 인격자(人格者)로서의 성장이다. 반면, 비교양인, 교양이 없는 무지몽매한 인간은 '교육받지 못한 인간(an uneducated man)'으로 지칭된다. 이런 차원을 충분히 고려했는지, 서양의 중세 대학에서도 '3학(三學: Trivium: 문법, 수사학, 논리학)'과 '4과(四果: Quadrivium: 대수학, 기하학, 천문학, 음악)'라는 주요 '7자유 교양 교과목(seven liberal arts)'을 설정하여, 수준 높은 교양을 획득하도록 강요했다.

화이트헤드(Alfred North Whitehead, 1861~1947)는 『교육의 목적』에서 '교양'의 차원에 대해 의미심장하게 설명한다. 아니, 단편적 지식 교육이나 지나친 도덕 교육에 눈먼 사람들에게는, 두려움에 떨게 만드는 일갈이다. 유기체 철학을 펼친 사상가답게, 창발적 사고(創發的 思考)를 교육에 녹여 넣는다. 몇몇 구절을 발취하여 제시해 본다.

교양이란 사고력의 활동이다! 그것은 아름다움과 인도적 감정, 즉 자비심에 대한 민감한 감수성이다. 단편적 지식은 교양과는 아무런 관계가 없다. 단지, 박식함에 그치는 사람은 이 지상에서 가장 쓸모없는 인간이다.

교육은, 교양과 특수 영역의 전문 지식을 겸비한 인간을 육성해야 한다. 전문 지식은, 교양으로부터 출발하는 데 필요한 무대를 제공한다. 교양은 그들을 철학의 깊이와 예술의 높이로까지 이끌어준다. 인간 사회가 잊지 말아야 할 가장 소중한 지적 계발은, '자기 능력 개발(self-development)'이다. 특히, 무지몽매한 어린이의 사고력을 훈육할 때, 무엇보다도 가장 경계해야 할 사안은 '생기(生氣) 없는 관념'이다. 이것은 인생에서 활용되지도 않고, 검증되지도 않으며, 다른 것과 연관되어 참신하게 드러나지도 않는다. 단지, 머릿속에 주입하기만 한 관념이다. '생기 없는 관념'으로 하는 교육은 삶에서 무익할 뿐만 아니라 인생을 해친다. 일찍이, 위대한 것을 향해 인간성을 각성케 한 모든 지적 혁명은 언제나 바로 이 '생기 없는 관념'에 대한 격렬한 저항이었다.

중요한 것은 '활용되는 관념'이다. 그것은 관념을 삶의 흐름과 연관시킨다는 말이다. 삶의 흐름은 오관(五官)을 통한 지각, 감정, 희망, 욕구 등에 의해, 또는 어떤 한 사상을 다른 어떤 사상과 조절하는 정신 활동으로 이루어진다. 그러한 흐름이 바로 인간 자신의 삶을 형성하고 있다. '활용되는 관념'을 염두에 둘 때, 교육은 '지식의 활용법'을 체득하도록 만든다.

'생기 없는 관념'은 일상을 살아가는 힘인 생명력을 죽인다. 이 때문에 '활용되는 관념'을 통해, '생명(Life)'이라는 교과를 삶의 교육에 핵심으로 불어 넣어야 한다. 거기에서 교육의 효용성이 나온다. 다름 아닌, 품격(品格: style)! 품격은 지적 능력을 가장 유용하게 사용하는 능력이다. 교육받은 사람, 즉 교양을 갖춘 인간이 지니는 정신의 최종적 산물이다. 이는 궁극적 도덕성으로 삶에서 가장 유용한 것이다. 그런 만큼 인간 존재의 전체에 퍼져있다. '의지의 힘'을 가지고 말이다. 이런 사람을, 유학에서는 '군자(君子)'로 표현했고, 서구에서는 '신사(紳士)'로 명명했다. 영어로는 '젠틀맨(gentleman)'으로 번역된다. 그러기에 '군자'와 '신사'는 그 시대에 궁극적 교육의 목적이자 교육적 인간상이었다.

이처럼 일상의 '상식'과 강력한 '현실'에 기반한 교육은, 필연적으로 ㉣의 '비치심현묘(非馳心玄妙), 희기기효자야(希覬奇效者也)!'를 상정한다. '몰상식(沒常識: lack of common sense)'과 '비현실(非現實: unreality)'은 철저하게 금물(禁物)이고, 금기(禁忌)사항이다. 몰상식은, 달리 말하면, '비이성적이고 비합리적이다(irrational)!' '터무니없고 부조리하다(absurd)!' '부주의하고 무분별하고 생각이 없다(thoughtlessness)!' '붕 뜬 생각에 경솔하고 경박하다(glaikit)!' 비현실은, 달리 말하면, '실재하지 않는 것'으로 '공상적이고 기상천외하다(chimerical)!' 이를 한문으로 표현하면, '치심현묘(馳心玄妙), 희기기효(希覬奇效)!'이다. 마음을 아득하고 오묘한 곳에 이르게 하여 신기한 효과를 바라는, 무지몽매한 인간 사회!

'치심(馳心)'은 문자 그대로 보면 '마음을 달리게 한다'라는 말이지만, '어떤 일에 관심을 가진다'라는 의미이다. '현묘(玄妙)'는 '일반 사람들이 이해하기 어려운 심오한 학문'을 뜻하지만, 여기서는 '실생활에 도움이 되지 않은 공허한 이론'을 지칭한다. 그런 양태를 지닌 인간의 일상은 무의미하다! 율곡의 '격몽(擊蒙)'은, 이런 몰상식하고 비현실적인 조선 교육에 경종(警鐘)을 울린다.

율곡은 간파했다. 조선 사회의 교육적 현실은 암울하다. 슬프다. 어떻게 할 것인가? 그리하여 자신의 깨달음 그대로를 적시한다.

㉮ 但不學之人, 心地茅塞, 識見茫昧. 故必須讀書窮理, 以明當行之路, 然後造詣得正, 而踐履得中矣.

교육받지 않은 사람은 마음이 꽉 막혀서 식견이 어둡게 된다. 그러므로 반드시 글을 읽고 이치를 캐물어 마땅히 행해야 할 길을 밝힌 뒤에, 교육의 효과나 경지가 올바름을 얻고 실천에서 바른길을 얻는다.

㉯ 今人, 不知學問在於日用, 而妄意高遠難行. 故推與別人, 自安暴棄, 豈不可哀也哉!

지금 사람들은 삶의 지혜에 관한 배움이나 묻는 공부가 일상생활에 있음을 알지 못하고 있다. 현실을 벗어난 엄청나게 높고 먼 그 무엇이어서 실천하기 어려운 것으로 생각한다. 그러므로 이것을 다른 사람에게 미루거나 핑계 대고, 스스로 할 수 없는 것으로 판단하고 포기(暴棄)한다. 그저 눈앞에 닥친, 하고 싶은 일들만을 골라서 놀아댄다. 어찌 슬픈 일이 아니겠는가!

'교육받지 않는 사람'의 말로(末路)는 비참하다. 처참하다. 그 모습과 태도는 ㉮에 적시한 '심지모색(心地茅塞)'과 '식견망매(識見茫昧)'이다. '심지(心地)'는 마음 바탕이다. 그것은 온갖 생각의 터전이다. 대지(大地)처럼 광활한 사유의 광장이다. 그 생각의 터전 위에 펼쳐지는 '모색(茅塞)'이 문제이다. 『맹자』「진심」(하)에 다음과 같은 표현이 있다.

山徑之間, 介然用之而成路, 爲間不用則茅塞之矣!

산속의 오솔길, 사람들이 조금만 걸어 다니면 번듯한 길이 된다. 그러나 한동안 출입하는 사람이 없으면 잡풀들이 마구 자라나 길을 덮는다! 버려진 길.

모색은 '잡초가 자라나 길을 막는다'라는 뜻으로, '잡초가 무성하게 자란 상황'을 말한다. 다시 확인하자! 사람들의, '마음이라는 광장(廣場)'에 잡초가 가득 자라났다! 심지(心地)를 온통 덮고 있다! 무엇이 보이는가? '몽(蒙)'이다. 무지몽매함이 넘쳐흐르는 듯하다. 여기에서 '심지모색(心地茅塞)'은 '마음속에 욕망이 가득 찬 모습'에 비유된다.

인간은, 욕망에 빠지면 사물을 제대로 볼 수 없다. 한쪽에 치우쳐 다른 것을 배척한다. 일상에서 문제상황이 발생해도 제대로 파악하지 못한다. '식견망매(識見茫昧)!' '식견(識見)'은 사물을 분별하거나 사태를 파악하는 능력이다. '망매(茫昧)'는 뚜렷하지 않고 흐릿하다. 희미하다. 그러므로 '식견망매'는 인간 사회에서 발생하는 각종 시사에 어둡다는 뜻이다. 지혜롭지 못한 태도!

교육은 식견을 높이고, 지혜로운 태도를 기르는 작업이다. 아리스토텔레스는 『형이상학』의 첫머리, 즉 '알파(A:α)'에서 앎과 지혜에 관해 언급한다. 사람들은 앎의 즐거움을 원한다. 인간의 지능은 감각에서 '기억-경험-기술 지식'을 거쳐, '지혜'로 나아간다. 지혜는 '이론적 인식'이나 '학문', 또는 '철학'으로 이어진다. 그러기에 지혜 또는 철학은 제1의 원인과 원리를 대상으로 하는 대들보와도 같은 학문이다.

모든 인간은 태어나면서부터 앎을 원한다. '몽(蒙)'의 상황을 벗어나려고 몸부림친다. 그것은 일종의 '생존 본능'이다. 인간이 알고 싫어한다는 것은 감각기관과 그 지각 작용에서 확인된다. 그런데 인간이라는 동물은, 여기에서 더 나아가, 기술(技術)이나 추리력(推理力)으로 살아간다. 기술과 추리력은 '경험'으로 누적된다. 인간에게 경험이 생기는 이유는 '기억(記憶)' 덕분이다. 왜냐? 같은 사물에 대한 많은 기억이, 점차로 하나의 경험적 힘을 가져오기 때문이다. 경험은 학문이나 기술과 거의 같다고 여겨진다. 사실, 학문이나 기술은 경험을 매개로 인간에게 주어진다. 따라서 기술은 경험이 주는 많은 심상(心象) 가운데, 몇 가지 같은 사항에 대해 보편적 판단이 형성될 때 생겨난다.

듀이(John Dewey, 1859~1952)는 경험을 교육으로 직접 연결했다. 그는 『민주주의와 교육』(1장)에서 강조했다. 인간의 경험은 갱신(更新: Renewal)을 통해 연속된다. 갱신은 연속과 지속을 담보하는 힘이다. 생명체가 먹이와 재생산을 통해 물리적 생명을 이어가듯이, 인간 사회는 교육이라는 매개체를 통해 삶을 지속한다. 여기에서 유명한 문구가 탄생한다.

교육은 '경험의 끊임없는 재구성' 또는 '경험의 통합'이다!
Education is a constant reconstructing or reorganizing of experience!

갱신은 생명력을 유지하기 위한 핵심 과정이다. 생물학적 차원에서 존재의 갱신이 있듯이, 인간의 경험은, 신념을 비롯하여 이상, 소망, 행복, 불행, 실천과 같은 삶의 재창조가 이루어진다. 사회집단이 갱신을 통하여 그 경험의 연속성을 확보해 간다는 것은 의심없는 사실이다. 이렇게 볼 때, 가장 넓은 의미에서 교육은, 사회적 차원에서의 삶, 또는 경험의 연속성을 이루기 위한 도구이다.

어떤 사회집단이건, 그 구성원들은 모두, 신념도, 이상도, 사회적 규준도 갖추지 않은 채, 미숙하고 무력한 상태로 태어난다. '몽(蒙)'의 사태를 바탕으로 사회에 던져지는 것이다. 인간 개개는 사회집단에서 삶의 경험을 짊어지고 가는 단위체이다. 그런 개별 존재는 시간이 지나면 사라진다. 하지만 사회집단의 삶, 그 생명은 계속 이어진다. 지혜로운 사람에 의해서.

다시, 아리스토텔레스의 『형이상학』으로 돌아온다. 지혜로운 사람은 모든 사물을 인식한다! 율곡도 이 지점에서 고심한다. 마음이 꽉 막혀서 식견이 어두운, 교육받지 않은 사람들을 어찌할 것인가! '식견망매(識見茫昧)'에서 벗어나게 만들어야 하지 않는가!

그렇다고, '식견망매'의 존재에 대해, 바로, 지혜로운 사람들처럼 사물을 인식하도록 만들 수는 없다. 모든 사물 하나하나에 대한 개별적 인식을 해야 하는 것도 아니다. 그저, 가능한 모든 사물에 대한 인식을 지니도록 기대할 뿐이다. 그것은 상식의 문제이다. 교육받은 사람은, 무지몽매한 인간들이 쉽사리 알 수 없는 사물을, 파악하는 능력을 갖췄다. 그것이 교양이다. 더 정확하고, 사물의 이치를 더 잘 가르칠 수 있는 사람으로 성장한다면, 그는 그만큼 많은 지혜를 가진 사람이다. 그것이 교육의 힘이다.

율곡은 인식했다. 교육받지 않은 사람에 대해서는, 반드시 교육해야 한다. 그 교육의 첫 단추가 ㉮의 '독서궁리(讀書窮理)'이다. 글을 읽고, 이치를 캐물어야 한다. 이는 이론적 차원의 기억이나 경험, 기술 지식이다. 다음은 '당행지로(當行之路)'이다. 마땅히 행해야 할 길을 밝히고 일상에서 실천하라! 앞에서 언급했던, '당(當: 마땅히)'을 체득하라! 그렇게 했을 때, 화이트헤드가 말한 '활용되는 관념'의 생기로 품격을 형성하여, '지혜'의 인생으로 나아갈 수 있다.

문제는 현재의 인간 사회이다. 무지몽매한 존재들이, 교육의 가치를 인식하지 못하고, 일상을 누비고 있다. ㉯에 던지는 율곡의 한탄은, '몽(蒙)'이라는 한심한 세상에 내놓는 푸념이다. 부지일용(不知日用), 고원난행(高遠難行)! 아예, 스스로 포기하며, 한계를 그어 버렸다.

학문(學問)! 그 배움과 물음은 일상생활에서 하기 어려운 거야! 배우는 일도 그렇고 묻는 일도 그렇고, 그것이 얼마나 어려운지 알아? 너무나 높고 멀리 있어! 나는 할 수 없어! 난 안돼!

이런 정신 자세가 삶의 곳곳에서 배었다. 어떤 열정도 노력도 없다. 게으름이 뚝뚝 흐른다. 배우지도 않고 물으려고도 하지 않는, 무관심의 절정이 온몸을 휘감고 있기에, 배우지 않고 묻지 않아도 쉽게 다가갈 수 있는 감각적 욕망, 그 늪으로 자연스럽게 빠져든다. 올바른 인간의 길을 알려는 교육이나 지혜로운 삶을 즐기려는 태도는 스스로 버린다. '교육'은 다른 사람에게 미루고, 온갖 핑계를 대며, 스스로 지혜로운 사람이 되기를 포기(暴棄)한다. 이 무슨 패배주의적 망령인가! 그런 삶을 정당화하며, 잘못된 생각으로 얼룩진 현실 존재들! 참으로 가엽기만 하다. 그렇다면, 저 자포자기(自暴自棄)하는 인간 사회를 어떻게 구원해야 하는가? 『맹자』「이루」(상)에는 자포자기를 다음과 같이 지적한다.

自暴者, 不可與有言也. 自棄者, 不可與有爲也. 言非禮義, 謂之自暴也.
吾身不能居仁由義, 謂之自棄也.

스스로 인생을 해치는 자와 더불어 좋은 말을 나눌 수는 없다. 스스로
인생을 버리는 자와 더불어 착한 행위를 할 수는 없다. 말하기만 하면
예의를 비난하고 어지럽히는 인간을 스스로 해치는 자라고 한다. '나
는 인간 사회의 윤리, 그 상식적 도리를 실천할 수 없다!'라고 말하는
인간을 스스로 버리는 자라고 한다.

이런 무식한 놈들을 어떻게 인도해야 하는가? 율곡의 고민은 점
점 깊어진다. 결단의 시간이 임박했다.

2-3

율곡의 결단은 『격몽요결』이라는 책으로 탄생한다. 글을 쓰게 된
직접적 계기와 의도가 애처롭다. 그 안타까움과 애정이 어디에서 샘솟
았을까? '발몽(發蒙)'일까? '포몽(包蒙)'일까? '격몽(擊蒙)'일까?

㉮ 余定居海山之陽, 有一二學徒, 相從問學. 余慙無以爲師, 而且恐初
學, 不知向方, 且無堅固之志而泛泛請益, 則彼此無補, 反貽人譏.

내가 황해도 해주(海州)의 남쪽에 머물기로 마음먹고, 거기에 거처를
정했다. 그러자 그 소식을 듣고 한두 명의 학생들이 나를 찾아왔다.
배우고 싶어 하는 사람들이 따라와 물어대며 배우려고 했다.
언뜻 생각이 들었다. 내가 저 사람들을 가르칠 수 있는 자질을 갖췄을
까? 잠시 머뭇거려지며, 내가 쉽게 그들의 스승이 될 수 없음을 부끄
럽게 여겼다.

그런데 그 사람들이 처음으로 이런 자리를 찾아와 배우려고 하는데, 어쩌겠는가! 문제는 그 사람들이 공부하는 방법도 모르고, 또 학문하겠다는 굳은 뜻도 없어 보인다는 것이었다. 그저 대충 배우기를 요청하는 것 같았다. 당황스러웠다.

이런 상황은 서로에게 도움이 되는 바가 없지 않은가! 도리어, 사람들의 비방을 받을까 봐 두려웠다.

㉯ 故略書一册子, 粗敍立心飭躬奉親接物之方, 名曰擊蒙要訣. 欲使學徒觀此, 洗心立脚, 當日下功, 而余亦久患因循, 欲以自警省焉.

생각 끝에, 간략하게나마 하나의 책을 썼다. 뜻을 세우고 몸을 삼가며, 부모를 받들고 사람을 대하는 방법을 대강 서술하였다. 책 이름은 『격몽요결』!

학생들이 이 책을 보고 공부하기를 기대했다. 나를 찾아와 그저 배우겠다고 덤벼들기보다는, 마음을 깨끗하게 씻고, 새롭게 출발하여, 그 날부터 공부에 착수하도록 만들었다.

나 또한 오랫동안 이런저런 일에 치이다 보니, 제대로 학문을 이어가지 못했다. 그럭저럭 옛것을 답습하며 지내고 있을 뿐이었다. 이런 나의 생활 태도도 걱정이었다. 잘 됐다! 이 기회에 이런 근심도 조금 덜고, 이 책을 계기로 스스로 경계하고 반성하자!

丁丑季冬, 德水 李珥 書.

1577년(丁丑年) 12월(季冬)에 이이가 쓰다.

『격몽요결』의 서문은 이렇게 마무리된다. 크게 두 가지 의도를 담았다.

첫째, 초학자들을 위한 '교육 입문서'로서 의미를 부여했다. 이유는 너무나 간단하다. 배우려고 찾아온 존재들, 교육받겠다고 나선 자들의 철부지 같은 행동 때문이었다. 그들의 행동은 가관(可觀)이었다.

부지향방(不知向方)! 무견고지(無堅固志)! 범범청익(泛泛請益)!
공부하는 방법도 모른다! 교육을 받겠다는 굳은 뜻도 없다! 대충 배우기만을 요청한다!

율곡은 결심한다. 안 되겠다. 이들의 요구대로, 무턱대고 앉혀놓고, 이 무지몽매한 존재들을 가르친다고 될 일이 아니다. '격몽(擊蒙)'이 필요하다! 내치자! 그 결과가 『격몽요결』이라는 조선 교육학 이론의 탄생이다.

둘째, 자신을 '성찰'하기 위한 계기이다. 율곡의 나이 벌써 40이었다. 아무리 무지몽매하고 버릇없는 학생들이지만, 그들의 방문은 자신을 일깨웠다. 일상을 깨트리는 충격은 성찰을 가져온다! 자신을 돌아보는 결정적 기회. 나는 그동안 무엇을 했는가! 벼슬길을 전전하며, 그저 편히 지내기만 한 것은 아닌가? 저들을 가르칠 엄두가 나지 않는다! 부끄럽다.

구환인순(久患因循), 욕자경성(欲自警省)!
그럭저럭 옛것을 답습하며 안일하게 보내는 일상, 스스로 경계하고 반성하는 계기로 삼자!
학생들의 방문에서 느낀 현실을 통해, 율곡은 진지하게 자신을 돌아본 듯하다. 그런 전율이 느껴진다. 『격몽요결』의 성격은 초학자를 위한 '교육 입문서'라고 명시되어 있다. 그러함에도 불구하고, 「서문」의 마지막에 내뱉은 두 글자, '자경(自警)!' 이 무엇을 의미할까? 율곡은 왜 자신에게 화살을 돌렸을까? '스스로 경계하기 위함!'이라는, 이 간절함이, 왜 더욱 가슴을 파고드는 걸까?

어쩌면, 『격몽요결』은 율곡 자신을 수양하기 위한 요목으로서, 자기 인생의, 조선 사회의, 교육을 비춰보려는 거울이 아니었을까?

'나를 향한 격몽(擊蒙)! 자신을 내쳐라!'

다시 정돈해 본다.

초학자들의 방문 스토리는 율곡의 내면을 흔들었다. 단순히 흔든 것만이 아니었다. 방문자들은 흔들었고, 율곡은 흔들렸다. 「서문」의 논리로 볼 때, 분명히 그러하다. 흔듦과 흔들림의 사이에서, 율곡의 속살을 파고든, 두 가지 사건이 발생했다.

하나는 '무지몽매한 존재들에 관한 연민(憐憫)'이다. '몽괘'에서 말한 것처럼, '동몽구아(童蒙求我)!' 그들은 율곡에게 간절하게 배움을 구했다. 그들의 눈빛에는 막무가내식 열정이 서려 있었다. 순진함 그 자체이다. 예의에 어긋나는지도 모르는 교육에의 갈증! 율곡은 '발몽(發蒙)'하지 않을 수 없었다. 그것은 '포몽(包蒙)'으로 이어졌다. 그 결과물이 『격몽요결』이다.

다른 하나는 율곡 '자신에게 부과하는 반성과 성찰(省察)'이다. 40대에 접어든 인생, 이 '불혹(不惑)'의 나이에 이르도록 무엇을 했던가! 과거의 구도장원(九度壯元)이 무슨 의미가 있는가! 구습(舊習)에 찌든

내 모습이 처량(凄)하기만 하다. 무지몽매하지만, 배움의 열정 하나로 나를 찾아온, 저 초학자보다 내게 나은 것이 무엇이 있으랴! '몽괘' 상구(上九)에서 말한 것처럼, '불리위구(不利爲寇)!' '도적 떼처럼 약탈하며 침략하는 것'은 마땅한 도리가 아니다! 그럭저럭 옛것을 답습이나 하면서 안일하게 보내는 일상, 이런 생활 태도가 '불리위구(不利爲寇)'와 무엇이 다른 단 말인가! '리어구(利禦寇)!' 도적 떼를 막는 것이 마땅한 도리임을 다시 깨닫자! 나를 채찍질하자. '격몽(擊蒙)!', 이 자기 수양의 재생(再生) 노력, 그 결과물이 『격몽요결』이다.

이런 점에서, 『격몽요결』은 '발몽(發蒙)'에서 샘 솟아, '포몽(包蒙)'과 '격몽(擊蒙)'을 아우르며, 삶의 지혜를 요청하는 교육의 지표(指標)이다. '몽(蒙)'의 오케스트라!

3. 입지(立志) - 뜻을 세우다

3-1

율곡이 강조한 '격몽(擊蒙)!' 그 교육의 첫 단추를 끼우기 전에, 의미심장한 견해 하나를 들어 본다. '교육'에 관한 생각이다. 톨스토이(Leo Tolstoy, 1828~1910)는 『인생론』(5월)의 〈읽을거리〉에서, 주세페 마치니(Giuseppe Mazzini, 1805~1872)의 견해를 빌려, 교육을 말한다.

모든 인간은, 제각기, 특별히 타고난 재능과 일정한 사명을 수행할 수 있는, '능력'을 지니고 있다. 그러므로 교육은, 어린이의 내부에서, 재능을 계발하는 데 힘써야 한다. 어린이에게 인간으로서 유익한 공부를 시킨 다음, 각각의 어린이 안에 있는 특별한 재능을 발전시키는 교육을 해야 한다.

교육은 어린이의 잠재된 능력을 찾아 기르는 사업이다. 존재하지 않는 능력을 새롭게 창조하는 일이 아니다. 그것은 절대로 불가능하다. 그럴지라도 단 한 가지, 모든 어린이에게 반드시 요구되는 작업이 있다. 삶에 대한 올바른 관념을 심어주는 일! 인간으로서의 사명을 수행하기 위해, 이 세상이 어떤 곳인지 바르게 가르쳐야 한다.

삶은 '의무'이자 '과제'이며 '사명'이다!

Life is an obligation, a challenge, and a calling!

모든 성스러운 이름에, 맹세코, 어린이들에게 개인적 또는 공공의 행복에 대한 가르침을 설교하지 말라! 개인적 행복에 대한 신앙은 어린이를 이기주의자로 만든다. 공공의 행복에 대한 신앙도 얼마 지나지 않아 그들을 이기주의로 이끌게 된다. 어린이는 '실현 불가능한' 일을 꿈꾼다. 그들의 특성상 당연하다. 드림(Dream)! 청년 시절에는 그 불가능한 일을 '실현하기 위해' 안간힘을 쓴다. 그러다가 이윽고, 자신이 마음속에 그렸던 꿈이 쉽게 실현될 수 없음을 알게 된다. 어떻게 할까? 상당수의 어린이는 자기만의 껍데기 속에 들어앉아 개인적 행복을 얻기 위해 골몰한다. 그런 나머지, 결국 이기주의의 늪에 빠지고 만다.

삶은 '사명', 또는 '의무'로서 이행될 때 의미가 살아난다. 삶이라는 여로(旅路)를 가끔 비춰주는 행복의 태양이, 그에게도 미소 지어줄 지는 모르겠다. 하지만, 그때가 오면, 순수하게 그것을 기뻐하며 신에게 감사해야 한다. 이리저리 두리번거리며 행복을 찾아다니는 것은 인간을 파멸로 이끈다. 언젠가 행복을 누릴 가능성조차 빼앗아 갈 수 있다. 이런 점을 어린이에게 가르쳐야 한다.

나아가, 인류의 진보와 완성을 위해, 도덕적 또는 지적 자기완성에 이르기 위해 노력하는 일! 그것은 인간의 진정한 의무이다. 먼저 진리를 추구한 다음, 언어로, 또 그것을 두려움 없이 꾸준히 실천함으로써, 진리에 봉사해야 한다. 진리가 무엇인지 알기 위해, 두 가지 지침, 즉 자신의 마음과 양심, 그리고 현재를 이끌어준 이전 사람들의 가르침, 다시 말해, 전 '인류의 예지(叡智)'가 있다는 것을 가르쳐야 한다.

　　그렇다면, 교육에 나선 사람들은 어떤 뜻을 세워야 하는가? 율곡
은 말한다.

㉮ 初學, 先須立志, 必以聖人自期, 不可有一毫自小退託之念.
처음 교육에 들어선 사람은, 먼저 뜻을 세워야 한다. 그 뜻은 반드시
성인이 될 것을 스스로 기약하는 차원이다. 털끝만치라도 자신을 보
잘것없는 존재로 여겨서는 안 된다. 이런저런 핑계를 대며 소극적으
로 공부하려는 생각을 두지 말아야 한다.

㉯ 蓋衆人與聖人, 其本性則一也. 雖氣質不能無淸濁粹駁之異, 而苟能
眞知實踐, 去其舊染而復其性初, 則不增毫末而萬善具足矣. 衆人, 豈可
不以聖人自期乎.
미성숙한 일반사람과 완벽한 인격자의 본성은 같다. 단지, 맑고 흐림,
순수하고 잡된 기질의 차이가 있을 뿐이다. 이런 점을 정말 제대로 알
고 실천하여, 옛날에 물든 나쁜 습관을 버리고, 그 본성의 원래 모습
을 회복하면, 털끝만큼 보태지 않더라도, 온갖 선이 충분히 갖추어질
것이다. 이런 이치인데, 일반사람들이 인격자로 거듭나기를 스스로
기약하지 않을 수 있겠는가?

㉰ 故孟子道性善, 而必稱堯舜以實之曰, 人皆可以爲堯舜, 豈欺我哉.
그러므로 맹자가 말하였다. '인간의 본성은 착하다!' 그 역사적 증거로
요·순임금을 들었다. '사람은 누구나 요·순임금처럼 될 수 있다!' 어
찌 맹자가 우리를 속였겠는가?

㉮에서 지시하듯이, 처음 학문의 세계에 들어서는 사람은 '입지(立志)'에 굳건해야 한다. 유학의 교육은 그것을 '강요'한다. '입지(立志)'는 문자 그대로 보면, '뜻을 세운다!'라는 말이다. 교육의 문턱에서, 그 목적(目的)을 확립하는 일이다. 구체적으로는 성인(聖人)이 되기를 기약하는 작업이다. 그것은 유교 교육의 목적이 성인을 향한 열망이자 열정이며 노력임을 뜻한다.

'성인(聖人)'은 요·순(堯·舜) 임금이나 공자(孔子)와 같은 최고의 인격자이다. 유교에서 성인은 도덕적으로 완성된 인간이자 그것을 바탕으로 하는 군주를 뜻한다. 그런 성인은 인간으로서 최고의 경지에 도달한 존재이다. 이른바 '수기치인(修己治人)', '수기안인(修己安人)'의 완성자이다. 자기 수양은 물론 그 덕성을 사회의 모든 존재에게 미치는 인물이다. 지혜와 덕성이 통일을 이루고, 우주 자연과 인간 사회의 법칙을 깨달으며, 이를 직접 실천한다. 공자는 말했다. '누구나 배우고 노력하면 성인이 될 수 있다'라고.

율곡의 '입지'는 유교에서 최고의 인간인 '성인(聖人)'이 되기를 스스로 기약한다!'라는 '성인자기론(聖人自期論)'에 기초한다. 다시 강조하지만, 성인은 인간으로서 가장 훌륭한, 궁극의 경지에 도달한 존재이다. 최고의 인격자로서, 인간의 성선(性善)을 온전히 달성한 '자아실현'과 '사회 완성'의 종결자이다.

이런 성인(聖人)의 모습을, 매슬로우(Abraham Maslow, 1908~1970)가 제시한 인간의 '욕구 5단계' 가운데, 가장 상위에 속하는 내용에 빗대어 보아도 재미있다. 메슬로우의 욕구 5단계는 일반적으로 아래와 같이 도식된다.

1단계는 '생리적 욕구(Physiological Needs)'이다. 이는 인간의 가장 기본적이고 강력한 욕구이다. 식욕이나 수면, 호흡, 갈증, 체온 유지 등이 이에 해당한다. 인간은 이 문제가 해결되지 않으면, 다른 어떤 욕구에도 자극이 되지 않는다.

2단계는 '안전의 욕구(Safety Needs)'이다. 신체적 위험에서의 자유와 경제적 안정, 질서 있는 환경을 원하는 단계이다. 예를 들면, 신체적 안전이나 고용 보장, 건강, 사고 예방 등이 이런 욕구에 해당한다.

3단계는 '사회적 욕구(Social/Belongingness Needs)'이다. 인간은 홀로 살아가는 존재가 아니다. 그러므로 어딘가에 소속되고 싶어 한다. 다른 사람과 친밀한 관계를 맺고, 서로 사랑을 주고받으려고 한다. 그래서 가족이 함께하고, 친구들과 어울리며, 나아가 동호회 활동, 애정이나 우정을 나눌 수 있는 공동체를 찾는다.

4단계는 '존중의 욕구(Esteem Needs)'이다. 이는 3단계에서의 단순한 소속감을 넘어, 다른 사람에게 인정받고 존중받으며, 자신감을 가지려는 단계이다. 예를 들면, 명예나 권력을 가지면서 성취감을 느끼고, 다른 사람을 인정하면서 스스로 자아존중감에 충만하고 싶어 한다.

5단계는 '자아실현의 욕구 (Self-Actualization Needs)'이다. 자기의 잠재력을 최대한 발휘하여, 진정한 자신을 찾는, 인간으로서 최상위 단계이다. 자아실현에 이르기 위해, 창의적으로 활동하고, 자기 계발에 적극적이며, 개인적 성장은 물론 인간 사회의 진리를 탐구하려는 열정을 보인다.

이 지점에서, 유교의 '입지(立志)'를 떠올려 보라. '일반사람과 성인이 본성이 같다!'라고 했는데, 왜, 성장하면서 달라지는가? '미성숙과 '성숙', '무지몽매(無知蒙昧)'와 '지혜명석(智慧明晳)'의 차원으로, 거리가 멀어지는 이유가 무엇인가?

메슬로우는 말한다. 인간에게는 '결핍 욕구(Deficiency Needs: D-Needs)'와 '성장 욕구(Being Needs: B-Needs)'가 있다. 그것은 인간의 동기(動機: Motivation)를 구분하는 두 개의 범주(範疇)이다. 이 둘을 가르는 가장 큰 기준은 '욕구의 방향'이다.

모자람을 채우려는 것인가?
더욱 나아지려는 것인가?

'결핍 욕구'는 생존과 안전을 위해 반드시 채워져야 하는 기본 욕구이다. 위에서 언급한 1단계에서 4단계, 생리적 욕구에서 존중의 욕구에 이르기까지가 이에 해당한다. 이런 상황에 있는 사람들은 배고픔이나 불안과 같은, 무언가 '결핍'되거나 '부족'할 때, 긴장감을 느끼고 이를 해소하려는 움직임을 보인다. 그러나 배가 고파서 일어난 '생리적 욕구'나 무질서하여 일어난 '안전의 욕구'의 경우, 일단 배가 부르거나 안전해지면, 더 이상 그 욕구에 매달리지 않는다. 음식이나 안전, 다른 사람의 인정이나 사랑과 같은, 외부로부터의 충족을 얻어야 만족한다. 장기간에 걸쳐 이런 욕구가 채워지지 않을 때, 문제가 발생한다. 신체적 질병, 심리적 불안! 그것은 삶의 의욕 상실로 이어질 수도 있다. 이는 '저차원적 동기'에 머문다. '입지(立志)'를 하지 않는 미성숙한 일반사람이 수시로 겪는 문제와도 상통한다.

'성장 욕구'는 '결핍 욕구'처럼 부족해서가 아니라, 인간으로서 '잠재력을 실현하려는 고차원적 동기'이다. 최상위 단계인 '자아실현'에서 볼 수 있는 동기이다. 이런 부류의 사람은 무언가를 얻어 만족하는 것이 아니다. 무언가가 '되어가는 과정' 자체에서 즐거움을 얻는다. 이들은 욕구가 충족될수록 동기가 증가한다. 지식을 쌓을수록 더 배우고 싶고, 재능을 발휘할수록 더 몰입한다. 동기가 자신을 끊임없이 강화한다. 다른 사람을 의식하는 시선보다 자신의 '내적 가치'와 진리, 아름다움, 또는 정의를 추구한다. '내부 지향적'이다. 이 지점에서 유교의 '수기(修己)'나 '수신(修身)', '수양(修養)'이라는 개념이 교차한다. 인간으로서의 진정한 행복과 평온, 삶의 의미는, '자아실현'이나 '수기'의 확보에서 찾아진다. 그것은 미성숙한 일반사람과는 차원이 다른, 성인이 추구하는 삶의 방향과 닮아있다.

훗날, 『격몽요결』의 마지막 문장에 '자경(自警)!' 두 글자를 새겨 넣으리라는 예견이라도 한 것일까? 20세의 성인(成人)에 이른 율곡은 「자경문(自警文)」을 지으며, 스스로 타일러 경계한다.

내 인생, 성인(聖人)으로 향하는 열정으로 불태우자!

하지만, 그것은 상당한 번민(煩悶) 이후에 이루어졌다. 16세 때, 어머니 신사임당이 세상을 떠나자, 율곡은 3년의 시묘살이를 마치고, 금강산으로 들어가 불교(佛敎)와 마주하였다. 19세에 출가(出家)를 한 것인가? 질풍노도(疾風怒濤)의 방황 속에서 결행한, 순간의 일탈이었던가?

1년 후, 불교와 만나 수행하던 율곡은 무슨 깨달음이 있었는지, 다시 유학으로 돌아왔다. 과감하게 하산(下山)했다. 출세 간의 부처 세상이 아닌, 세속의 일상, 인간 사회로 당당하게 걸어왔다. 이때 부른 시원한 노래가 새로운 깨달음을 던진다.

學道卽無著, 隨緣到處遊.

暫辭靑鶴洞, 來玩白鷗洲.

身世雲千里, 乾坤海一頭.

草堂聊奇宿, 梅月是風流.

세상의 길을 배우니 이내 집착이 없고, 인연 따라 어디든지 유람하는 구나.

잠깐 청학동을 떠나, 백구주에 와서 구경하노라.

신세는 구름 천리, 건곤은 바다 한 귀퉁이로세.

초당에서 잘 자고 가는데, 매화에 비친 달 이것이 풍류로구나.

그렇게, 20세 되던 해의 봄에, 율곡은 강릉 오죽헌으로 돌아왔다. 그리고 엄숙하게, '스스로 경계하는 글'인 「자경문」을 작성한다. 삶의 좌우명을 담은 인생의 설계이자 기획이었다. 「자경문」은 자신에 대한 환성(喚醒), 즉 어리석은 존재를 일깨우는 마음 자세의 재확립이다. 학자로서의 '입지'를 돈독하게 정하고, 이를 힘써 실천하기 위한 지침인 동시에, 인생 교육의 지향점을 분명하게 밝힌 글이다. 이 「자경문」은 모두 11개 조로 되어 있다.

① 뜻을 크게 지니자!

교육에서 가장 중요한 것은 내 인생의 뜻을 크게 지니는 작업이다. 유학에서 말하는 최고의 인간인 성인(聖人)을 인생의 모델이자 목표로 삼자. 내 인생에서 조금이라도 성인과 같은 삶에 미치지 못하면, 나의 인생, 나의 할 일은 절대 끝난 것이 아니다!

② 말을 줄여 상황에 적절하게 대처하자!

무엇을 할 것인지 마음이 정해진 사람은 '말이 적다.' 마음을 정하는 작업은 말수를 줄이는 생활로부터 시작한다. 어떤 상황이건, 때에 맞게 말하면, 말이 간략하지 않을 수 없으리라.

③ 마음을 정하는 공부에 집중하자!

오랫동안 제멋대로 하며 내버려두었던 마음, 그 마음을 하루아침에 거두어들이는 일, 그런 힘을 얻기가 어디 쉬운 일인가? 마음은 살아 있는 존재이다. 마음을 안정시킬 힘을 지니기 전에는 흔들리는 마음을 정돈하기가 어렵다. 생각이 어지럽게 일어날 때, 의식적으로 그것을 싫어하여 끊어 버리려고 하면, 더욱 분잡해진다. 마음은 금방 일어났다가 금방 없어졌다가 하여, 나 자신에게서 말미암지 않은 듯하다. 잡념을 끊어 버린다고 해도, 끊어야겠다는 마음 자체가 내 가슴을 가로지르고 있으니, 이 또한 망령이다. 분잡한 생각들이 일어날 때, 정신을 모아 집착하지 않고 그것을 살펴야 한다. 그 생각에 머물러 집착해서는 안 된다. 그렇게 지속적으로 공부해 나가면, 반드시 마음이 정해지는 때가 있다. 일을 할 때 몰입하고 집중하는 자세 또한 마음을 정하는 공부이다.

④ 늘 조심하며, 홀로 있을 때를 삼가자!

일상생활에서, 늘 경계하고 두려워하며, 홀로 있을 때를 삼가려는 마음 자세와 생각을 갖자. 그런 생각을 가슴에 품고 유념하여 게을리하지 않으면, 모든 나쁜 생각들이 저절로 일어나지 않으리라. 모든 악은 홀로 있을 때를 삼가지 않은 데서 발생한다. 홀로 있을 때를 삼간 뒤에야, '기수에서 목욕하고 시를 읊으며 돌아온다!'라는 고사에 나오는 삶의 즐거움을 맛볼 수 있으리라.

⑤ 때에 맞게 할 일을 마친 후에 글을 읽자!
새벽에 일어나서는 아침나절에 할 일을 생각하자. 아침을 먹은 뒤에는 낮에 할 일을 생각하자. 잠자리에 들기 전에는 내일 할 일을 생각하자. 할 일이 없으면 그냥 지나칠 수도 있다. 하지만, 일이 있으면 반드시 생각하여, 합당하게 처리할 방도를 찾자. 그런 다음에 글을 읽자. 글을 읽는 이유는, 옳고 그름을 분간하여 일을 할 때 적용하기 위한 것이다. 일을 제대로 살피지 않고, 가만히 앉아서 글만 읽는다면, 그것은 쓸모없는 학문이 된다.

⑥ 욕심에 대해 깊이 살피자!
재물을 이롭게 여기는 마음과 영예를 이롭게 여기는 마음, 이에 대한 생각을 없앨 수는 있다. 그런데 일을 처리할 때, 조금이라도 편리하게 수행하려는 마음이 있다면, 이 또한 이로움을 탐하는 마음이다. 그러니 이런 문제에 대해 깊이 살피자.

⑦ 맡은 일이나 해야 할 일은 최선을 다하자!
어떤 일이 나에게 닥쳐왔을 때, 그것이 내가 맡아 처리해야 할 일이라면 최선을 다해 임하자. 일을 할 때, 싫어하거나 게으름을 피울 생각은 하지 말자. 해서는 안 될 일이라면 단번에 잘라버리고, 내 가슴에서 옳으니 그르니 하면서, 마음이 흔들리지는 말자.

⑧ 정의를 가슴에 품고 살자!

한 가지의 불의를 행하고, 한 사람의 무고한 사람을 죽여, 세상을 얻을 수 있다? 설사, 그렇다 할지라도 그런 일은 하지 않는다! 이런 생각을, 늘 가슴에 품고 살자.

⑨ 사람을 감화시키는 데 힘쓰자!

어떤 사람이, 이치에 맞지 않은 나쁜 짓을 저지르면서 다가오면, 스스로 돌이켜 깊이 반성하고, 그를 감화시키려고 노력하자. 한 집안 사람들이 선행을 베푸는 방향으로 삶의 태도가 바뀌지 않는 것은, 나의 성의가 미진하기 때문이리라.

⑩ 언제나 마음이 깨어 있게 하자!

밤에 잠을 자거나 몸에 질병이 있는 경우가 아니면, 함부로 눕지 말자. 비스듬히 기대지도 말자. 한밤중이더라도 졸리지 않으면 눕지 말자. 그렇다고 밤인데 억지로 잠자지 않으려고 하지도 말자. 낮인데 졸음이 올 때는 마음을 다잡고 졸음을 깨우도록 노력하자. 눈꺼풀이 무겁게 내리누르거든, 일어나 여기저기 걸어 다니며, 마음이 깨어 있게 하자.

⑪ 평소에 꾸준히 공부하자!

공부할 때는, 늦추지도 급하게 하지도 말자. 평소에 꾸준히 연구하라. 몸이 죽은 뒤에야 공부도 끝나는 것 아닌가! 공부의 효과를 빨리 얻으려고 한다면, 이 또한 이익만을 노리는 마음이다. 제대로 공부하지 않고 이익만을 보려고 한다면, 부모가 물려준 몸에 치욕을 입히는 꼴이 된다. 이 어찌 사람이라고 할 수 있겠는가!

　「자경문」에 이어, '입지'는 『성학집요(聖學輯要)』에도 그대로 드러난다. 율곡은 『대학』의 「경(經)」(1장)과 『중용』의 머릿장을 엮어, 『성학집요』의 「통설(統說)」을 만들고, 성학(聖學)의 총론을 구상했다. 그것은 '체(體)-용(用)' 관계로 교육의 길을 온전하게 구축하려는 의도이다. 율곡의 사유는 명확하다.

> 聖賢之學, 不過修己治人而已!
> 有知有行. 知以明善行以誠身修己之功, 不出於居敬窮理力行三者.
> 성현(聖賢)의 공부는 몸을 닦고 사람을 다스리는 데 지나지 않는다! 그것은 지식을 넓히는 일도 있고, 실천하는 사항도 있다. 지식은 착한 일을 밝히는 작업이고, 실천은 몸을 성실하게 움직이는 일이다. 그리하여 궁극적으로 몸을 닦는 공부는 '거경(居敬)' '궁리(窮理)' '역행(力行)'의 세 가지를 벗어나지 않는다.

　여기에서 율곡은 '뜻을 세우는 일', 즉 '입지(立志)'를 교육의 최우선 과제로 내세웠다.

　'입지(立志)'를 하지 않고서는 공업(功業)을 이룰 수 없다!

　율곡은 교육의 시작 단계, 또는 삶의 첫 단추를 끼우는 과정에서, 자기 다짐을 보완할 이론적 장치를 고민했던 것 같다. 왜냐하면 '입지'는 자기의식에서 출발한 참된 주체로서, 자신을 가다듬는 힘인 동시에 학문에 나아가게 하는 동력이기 때문이다. 입지는 '삶의 지향성'이나 '인생의 목적 지향성'으로서 교육의 이상을 포괄하고 있다. 이에 율곡은 공자가 말한 '도에 뜻을 두어야 한다(志於道)!'라는 언표를 근거로 들고, 그에 관한 주희의 해설, 즉 '뜻이라는 것은 마음이 가는 바를 말하고, 도라는 것은 인륜(人倫)·일용(日用) 사이에 마땅히 행해야 할 것 (志者, 心之所之之謂, 道則人倫日用之間, 所當行者!)'이라는 대목을 적극적으로 인용한다.

'입지(立志)'의 문제는, '성인(聖人)!' 달리 표현하면, '교육받은 인간 (educated man)'으로서 최고의 모습이 되기를 기약하는 의지의 표명이다. 그것은 교육에의 열정이자 인생 설계의 주춧돌이다. 율곡은 20세에 「자경문」으로 '입지'를 강조했고, 다시 20년이 흐른 40세에 『성학집요』를 저술했다. 그리고 다음 해에 『격몽요결』을 썼다. 세월의 무게만큼이나 '입지'의 중요성은 강력해졌으리라. 이것이 ㉮에서 적시한, '처음 배우는 사람은 뜻을 세워 반드시 성인이 되기를 스스로 기약해야 한다!'라는 인생 디자인이다.

이 인생 디자인을 기획할 수 있었던 동기는, 인간을 이해하는 관점에 기반한다. ㉯에 보이는 '인간 본성의 평등'이라는 입장이다. '중인여성인(衆人與聖人), 본성즉일(本性則一)!' 일반사람과 성인의 본성은 같다! 참으로 무서운 말이다. 일반사람, 또는 보통 사람인 중인(衆人)이 최고의 인격자인 성인(聖人)과 같다고? 이게 말이 되는 건가? 어떻게 일반인과 성인이 같단 말인가!

오해해서는 안 된다. 인간은 당연히 사람마다 다른 특성으로 자기를 표현한다. 흔히 말하듯이, 성격이 다르다! 그러므로 '일반사람과 성인의 본성이 같다!'라고 했을 때, 인간의 모든 측면이 동일하다는 뜻이 아니다. 인간은 획일적으로 평등할 수가 없다. 사람마다 다른 특성인 '기질(氣質)'에서 차이가 있기 때문이다. 청탁수박(淸濁粹駁)! 맑고 흐리고, 순수하고 잡된, 사람마다의 특징은 분명히 다른 측면을 드러낸다. 하지만, ㉲에서 맹자가 '성선(性善)'으로 인간을 규정하는 순간, 더구나 교육이라는 대사업을 앞에 두고, 누구나 최고의 인간으로 성장할 수 있다는 가정에서, 인간의 본성은 동일하다!

이제 남은 건 '교육'이다. '학문'이다. '자기 계발'이다. '사회 기여'이다. 여기에서 율곡은 장재(張載, 1020~1077)의 말을 입지의 절목(節目)으로 인용한다.

爲天地立心.

爲生民立道.

爲去聖繼絕學, 爲萬世開太平.

세상을 위하여 마음을 세우라.

사람을 위하여 도리를 세우라.

옛 성인의 끊어진 학통을 잇고, 지속되어야 할 세상을 위하여, 태평 시대를 열도록 열정을 바쳐라.

3-2

성인(聖人)을 입지(立志)의 종착지로 두자! 그것이 교육의 존재 이유이다. 교육해서 성인이 되자! 그것은 정상적인 인간의 간절한 바람이다. 그런데 왜? '사람의 본성이 같다'라고 했는데, 성인으로 나아가기는커녕, 인간의 품격을 만드는 기초조차도 닦지 못하는 건가? 율곡의 진단(診斷)은 간단명료하다.

'불립(不立)'-'불명(不明)'-'부독(不篤)'의 3박자! 교육은 그와 반대인 '립(立)'-'명(明)'-'독(篤)'의 리듬(Rhythm)을 찾아나가는 삶의 연주이다. 음

악에서 리듬이 무엇이던가? 흔히, 음악의 '심장박동'이라고 한다. '비트
(Beat)-박자(Meter)-템포(Tempo)'가 어울리는 생명력!

㉮ 當常自奮發曰, 人性本善, 無古今智愚之殊. 聖人, 何故獨爲聖人, 我
則何故獨爲衆人耶! 良由志不立, 知不明, 行不篤耳.
마땅히 항상 마음과 힘을 다해 떨쳐 일어나 이렇게 생각해야 한다. 사
람의 성품은 본래 착하다. 옛날이나 지금이나 지혜롭다거나 어리석다
는 차이가 없다. 그런데 어찌하여 성인은 저 홀로 성인이 되고, 나는
왜 성인이 되지 못하는가! 뜻을 제대로 세우지 못하고, 아는 것이 분
명치 못하고, 또 행실이 독실하지 못하기 때문이다.

㉯ 志之立, 知之明, 行之篤, 皆在我耳. 豈可他求哉. 顔淵曰, 舜何人也,
子何人也. 有爲者, 亦若是, 我亦當以顔之希舜爲法.
뜻을 세우고, 아는 것을 분명하게 하고, 행실을 독실하게 하는 일은
모두 나에게 달려 있다. 그런데 어찌 다른 사람에게서 구하겠는가! 안
연은 말했다. '순(舜)임금은 누구이고, 나는 누구란 말인가? 모든 일을
애써 행하면, 누구든지 그렇게 될 수가 있다!' 나 또한 안연이 순임금
처럼 되기를 바라던 것을 본받아 실천하리라.

㉮에서 말한 것처럼, '지불립(志不立), 지불명(知不明), 행부독(行不
篤)'은 교육의 최대 적(敵)이다. 뜻을 제대로 세우지도 못하고, 아는 것
도 분명하지 못하고, 행실도 성실하게 최선을 다하지 못하다니! 어떡
하란 말인가! 별도의 방법은 없다. 오직 교육이다. '격몽'이라는 표현을
빌리면, '내쳐라!'일 뿐.

㉯에서 깨우침을 준다. '지지립(志之立), 지지명(知之明), 행지독(行之篤), 개재아(皆在我)!' 뜻을 세워라! 분명하게 알아라! 성실하게 실천하라! 누가? 이 모든 일은 내가 직접 해야 한다. 남 핑계 대지 마라. 다른 사람을 탓하지 마라.

칸트는 말한다. 인간성 안에는 많은 싹이 들어 있다. 그 자연 소질들을 균형 있게 계발하고, 그들의 싹에서 인간성을 전개하며, 인간이 자신의 본모습을 실현하는 일은, 자기의 손에 달렸다. 인간은 처음부터 선(善)을 위한 소질을 계발해야 한다. 그 '선'은 성인(聖人)으로 간주해도 무방하다. 하지만 그것은 완성된 형태로 인간에게 심어지지 않았다. 신(神)이 부여한 것은, 도덕성에서 차이가 없는, 단순한 소질일 뿐이다. 자기를 개선하는 일, 자신을 도야(陶冶)하는 일, 혹여 악(惡)하다면, 스스로 도덕성을 키우는 일, 이런 작업이 인간이 스스로 해야 할 사명이다. 조금 깊이 숙고(熟考)해 보면, 이는 매우 어려운 일임을 알게 된다. 쉽다면, 누군들 못 하겠는가! 이런 점에서 교육은 인간에게 부과될 수 있는 과제 가운데 가장 크고 어렵다. 인간 사회의 통찰은 교육에 의존하고, 교육은 또다시 통찰에 의존한다. 그렇게 교육은 한 걸음씩 점진적으로 나아갈 수 있을 뿐이다.

'지립(志立)-지명(知明)-행독(行篤)'의 3박자도 마찬가지이다. 그 누구도 아닌 내가, 뜻을 세우고, 분명하게 알고, 성실하게 실천하며, 한 걸음씩 내디뎌야 한다. 그 과정은 화이트헤드가 설정한 교육의 리듬을 연상하게 만든다.

지성(知性)의 발달과 연관시켜 볼 때, 교육은 3단계를 거친다. '로맨스의 단계-정밀화의 단계-종합화의 단계'가 그것이다.

첫째, 로맨스의 단계란 '초보적 이해'의 수준이다. 이때, 사고의 문제, 또는 주제는 신선하게 생기(生氣)를 띠고 있다. 인간에게 이런 주제는, 눈길을 주는 것만으로도 미탐구의, 절반밖에 보이지 않는 것 같은, 그 소재들이 풍부하여 절반이 숨겨져 있는 듯한, 여러 가능성과 연결되어 있다. 유학에서 '입지(立志)'의 단계도 그러하다. '성인(聖人)'을 지향하는 제한성이 있기는 하지만, 최고 인격자로서 품격을 갖추는 방식은 다양하다. 그것은 여러 가능성이다.

이 단계에서의 지식은 체계적 절차를 거쳐 좌우되는 지식이 아니다. 몽매한 존재의 입지에 대한 깨우침을 생각해 보라. 체계성이 필요한 경우, 이는 현장에서 점진적으로 만들어진다. 인간은 사실의 직접적 지각에 직면하여 간헐적으로 주제가 되는 사실을 계통적으로 분석한다. 로맨스는, 본질적으로, 있는 그대로의 사실로부터 미처 탐구하지 못했던 사실들 사이의 관계성에서, 꿈틀댄다. 그 관계성이 얼마나 중요한지, 처음으로 깨달을 때 오는 흥분(興奮)이다. 이런 점에서 교육은, 본질적으로 마음속에 움직이기 시작하는 발효(醱酵)의 순서를 정해주는 일이어야 한다. 진공(眞空) 속과 같은 인간의 마음을 교육하지는 못한다.

둘째, 정밀화의 단계는, 로맨스의 단계와 달리 지식이 현저하게 증가한다. 분명하게 아는, '지지명(知之明)'과도 유사하다. 이때는 관계의 확대보다 계통적 조직화의 정확성이 우선된다. 여러 사실을 일정한 방식으로 조금씩 분석하며 지식을 더해 나간다. 그러나 이 단계는 로맨스 단계가 기본 전제이다. 로맨스 단계에서 가지고 있던 폭넓은 일반성 속에서, 희미하게나마 몽매한 존재가 이미 이해하고 있는 사실들이 바탕이 되어야 한다. '지지립(志之立)' 이후에 '지지명(知之明)'처럼 말이다.

로맨스 단계의 사실들은, 넓은 의미 관계의 가능성을 갖는, 밝혀진 관념들이다. 그것이 진보하여 정밀화의 단계에 이른다. 이때, 인간은 체계적으로 조직화를 거친 질서 속에서, 별개 형태의 사실들을 획득한다. 이러한 진보를 통해 로맨스 단계의 일반적 지각 대상에 대해, 정밀화와 분석이 이루어진다.

셋째, 종합화의 단계이다. 이는 '일반화의 단계'라고 해도 좋다. 이 최종 단계는 헤겔의 변증법을 도식화할 때 사용하는 '정(正)-반(反)-합(合)'에서, '합(合)'에 해당한다. 이는 분류된 관념과 적절한 기술을 확보하여 로맨티시즘으로 되돌아오는 단계이다. 정밀한 지적 훈련과 학습 목표가 결실을 이룬 시기이다. '행지독(行之篤)'처럼 교육의 최종적 성공이다.

교육은, '로맨스-정밀화-종합화'라는 단계의 사이클을, 연속적으로 되풀이한다. '지립(志立)-지명(知明)-행독(行篤)'이 한 방향으로 단계를 높여나가, 성인의 단계에서 교육이 완성되면 좋겠지만, 인생의 희로애락 과정은 그것을 허용하기가 쉽지 않다. 어느 순간, '지불립(志不立)-지불명(知不明)-행부독(行不篤)'이 다시 밀려온다. 장기적으로 명확한 목표 달성이 이루어지는 것은 교육적 이상이다. 그런데 이는 궁극적 목적이 되지 못하고, 다음 주기들의 신선한 출발점을 형성한다. 어떤 목표를 달성하고 성과가 나타났을 때, 끊임없이 누리면서도, 다시 신선한 기분으로 다음 단계를 시작한다. 이것이 다름 아닌 성장의 리듬이자 율동이다.

'지립(志立)-지명(知明)-행독(行篤)'의 3박자도 성장의 리듬을 타고, 삶의 여정을 헤쳐 나간다. '로맨스-정밀화-일반화'와 마찬가지로, 그것은 3단계로 고정된 틀이 아니다. 정신적 각성을 통해 학습된다. 여기에서 진정으로 중요한 것은, 단계별 형식적 틀이 아니라, 교육이 책임지고 떠맡아야 할 '질의 순서(order of quality)'이다.

3-3

주요한 특징 하나가 보인다. '무엇을 교육하느냐?' 그 내용이 문제이다.

㉮ 人之容貌不可變醜爲姸, 膂力不可變弱爲强, 身體不可變短爲長. 此則已定之分, 不可改也.

사람의 타고난 용모는 쉽게 변경시킬 수 없다. 추한 것을 바꾸어 곱게 만들 수도 없고, 타고난 힘이 약한 것을 바꾸어서 강하게 할 수 없으며, 키가 작은 것을 바꾸어서 크게 할 수도 없다. 이는 사람마다 이미 정해진 분수가 있어서 고칠 수 없기 때문이다.

㉯ 惟有心志, 則可以變愚爲智, 變不肖爲賢. 此則心之虛靈, 不拘於稟受故也. 莫美於智, 莫貴於賢, 何苦而不爲賢智, 以虧損天所賦之本性乎. 人存此志, 堅固不退, 則庶幾乎道矣.

오직 마음과 뜻은 어리석은 것을 바꾸어서 지혜롭게 할 수도 있고, 부족한 사람을 어진 사람으로 만들 수도 있다. 이는 사람의 마음이 비어 있으면서도 신령하여, 타고난 것에 구애받지 않기 때문이다. 지혜로운 것보다 아름다운 것은 없고, 어진 것보다 귀한 것은 없다. 그런데 어찌하여 나만 어질고 지혜롭지 못한 것을 괴로워하며, 하늘에서 타고난 본성을 깎아내고 있는가? 사람마다 이런 뜻을 마음에 가져, 견고하게 물러서지 않는다면, 누구나 바른길을 갈 수가 있으리라.

㉠에서 일러주는 사실은 의미심장하다. 아무리 교육을 철저하게 하더라도 바꿀 수 없는 영역이 있다. 겉으로 드러나 보이는 생물학적 특징이 그것이다. 현대 사회에서는 의료 기술의 발달로 인해 성형 수술이 가능하지만, 과거에는 그런 조치를 꿈꿀 수조차 없었다. ㉠에서 적시한 '용모(容貌)·여력(膂力)·신체(身體)'와 같은 것은 쉽게 고칠 수 있는 대상이 아니다. 바꿀 수 있는 것은 ㉡에서 확인해 주는 '심지(心志)' 뿐이다. '마음'과 '뜻'! 이 보이지 않는 세계, 이른바 '허령(虛靈)'이라는 특성의 '심지'만이, 인간의 '우(愚)'와 '불초(不肖)'를 '지(智)'와 '현(賢)'으로 전환시킬 수 있다.

여기에서 교육의 대상이 분명해진다. 조선 유학에서 교육의 실제 대상은 '심지(心志)'이다. 그것은 '마음' 교육이자 '뜻' 교육이다. 두 가지를 합쳐, 마음에 품은 '의지 교육'이라 할 수도 있겠다.

3-4

이제 '입지'를 정돈하는 대목에 이르렀다. 입지의 허상과 실상을 일러주는 짧은 말 하나씩을 추려 본다.

㉠ 凡人, 自謂立志, 而不卽用功, 遲回等待者, 名爲立志, 而實無向學之 誠故也. 苟使吾志, 誠在於學則爲仁由己, 欲之則至, 何求於人, 何待於 後哉!

대부분의 사람은 스스로 뜻을 세웠다고 하면서도, 힘써 행하지 않고, 미적거리고 후일을 기다린다. 이는 명목은 뜻을 세웠다고 하지만, 실제로는 공부하려는 정성이 없기 때문이다. 나의 뜻을 진정으로 학문에 있도록 하라. 그렇다면 사랑을 베푸는 일은 나에게서 말미암는다.

내가 하려고 하면, 바로 그렇게 된다. 어찌하여 남에게서 구하려고 하
며, 나중에 할 것이라고 뒤로 미루겠는가!

㉯ 所貴乎立志者, 卽下工夫, 猶恐不及, 念念不退故也. 如或志不誠篤,
因循度日, 則窮年沒世, 豈有所成就哉!
뜻을 세우는 일이 귀하다고 말하는 것은, 공부할 때 미치지 못할까 걱
정하여, 생각하고 또 생각하여 물러서지 않기 때문이다. 뜻이 정성스
럽지 못하고 착실하지 않은 채 우물쭈물 세월만 보내면, 죽을 때까지
무엇을 성취하겠는가!

㉮에서 지적한 '무향학(無向學)'과 ㉯에서 강조한 '공불급(恐不及)'을
눈여겨보라. 이 짧은 문구가 '입지'의 생명력을 좌우한다. 학문이나 교
육, 공부에 관심이 없다! 도무지 학습하지 않는다. 입으로만 '입지'를 했
다고 떠들어 댄다. 다시 보니, 실상은 아무것도 없다. 그들은 '무향학'의
구렁텅이를 즐긴다. 이들에게 교육을 기대할 수 있는가? 그러기에 '입
지'는, 공부를 향한 열정을 갖추었는가? 이른바 '향학열(向學熱)'을 품고
있느냐의 여부가 관건이다. 이는 교육의 세계에서 열심히 노력하여 어
떤 성취를 거두었더라도, 늘 미비하고 부족한 듯이, 겸손하게, 제대로
하지 못할까, 두려운 마음으로 일관하는, 삶의 자세에서 더욱 빛난다.
　이 지점에서 프롬(Erich Fromm, 1900~1980)의 학습 양식을 빌려보
자. 프롬은 『소유냐 삶이냐』에서 학습의 '소유양식(The Having Mode)'과
'존재 양식(The Being Mode)'을 설명한다.
　'소유양식'에 젖어 있는 학생들은 강의에 귀를 기울인다. 그 말의
논리적 구조와 의미를 이해하며, 되도록 그것을 모두 노트에 적는다.

필기한 것을 외워, 나중에 시험을 잘 보기 위해서이다. 그러나 그 내용이 그들의 개인적 사상 체계의 일부가 되어, 그것을 풍요롭게 만들고 확장하지 못한다. 대신, 들은 말을 사상 또는 전체적 이론의 고정된 몇 가지 집합으로 변모시켜 그것을 저장한다. 요컨대, 학생들은 각자, 강사가 창조했거나 다른 문헌에서 인용한 내용을 수집했을 뿐, 강의 내용과는 여전히 무관한 상태이다.

이렇게 소유양식에 익숙한 학생들의 목표는 단 한 가지, '배운 내용을 고수(固守)하는 일'이다. 그래서 배운 내용을 단단히 기억하거나 노트를 소중히 보관한다. 그들은 어떤 새로운 것을 만들어내거나 창조할 필요는 없다. 그러기에 어떤 주제에 관한 새로운 사상이나 관념을 접하면 당황스러워한다.

반면, 존재 양식으로 세계와 맺어진 학생들은 학습 과정에서 전혀 다른 특질을 보인다. 그들은 모든 강의에, 그것이 첫 수업이라 할지라도, 백지상태(tabula rasa)로 출석하는 일은 거의 없다. 그 강의에서 다루는 모든 내용을 미리 짐작하고 있기 때문에, 그들의 머릿속에는 나름의 어떤 의문과 문제가 있다. 그들은 그 제목에 대해 충분히 생각했으므로 강의에 관심이 있다. 또한 말과 관념의 수동적 저장소가 되는 일 없이, 귀 기울여 듣는다. 아울러 강의 내용을 능동적이고 생산적인 방법으로 받아들이고 반응한다.

강의를 경청하는 것은 사고 과정을 자극한다. 새로운 의문이나 새로운 관념, 그리고 새로운 전망이 그들 머릿속에서 탄생한다. 그들이 귀를 기울이는 것은 하나의 '살아 있는 과정'이다. 그들은 강사의 말에 관심을 가지고 경청하며, 들은 것에 반응하여 자발적으로 생명을 얻는다. 그것은 단순하게 집으로 가져가서 기억할 수 있는 지식을 습득하는 작업이 아니다. 강의를 통해 영향을 받고 변화하는 것이다. 강의를 들은 뒤의 그는, 강의를 듣기 전의 그가 아니다. 물론, 이런 일은 강의가 자극을 주는 소재를 제공했을 때, 가능하다.

존재 양식을 지닌 학습자는 '향학열'에 불타고 있다! 그들은 관심 속에 흥분한다. 그만큼 지적이고 지성을 향해 나아가려고 애쓴다. '불급(不及)'의 두려움을 안고, 조용하게 능동적으로 대처한다. 어쩌면 '관심 (interests)'은 '입지(立志)'를 추동하는 힘이 아닐까? 관심의 본질적 의미는 어근(語根)인 라틴어(inter-esse)에 포함되어 있다. '그 속에 있다!' 또는 '그 사이에 있다!' 이처럼 능동적 의미의 '관심'은 '자발적으로 노력하다' 또는 '진정으로 마음을 쓰다'라는 뜻이다. 그것은 인간을 몰아세우는 욕망이 아니라 '자유롭고 능동적인 관심 또는 노력'이다.

프롬의 언급은, 상황은 다르지만, '입지'에서의 향학열을 설명해 줄 수 있는 유용한 사고 가운데 하나이다. ㉮에서 말했듯이, '지성재학(志誠在學)!'이다. 나의 뜻을 진정으로 학문에 있도록 하는 능동성! 그것은 학습의 존재 양식이나 관심과 맞닿아 있다.

4. 혁구습(革舊習) - 낡은 습관을 혁신하다

4-1

'혁(革)'은 '가죽'이다. 가죽은 짐승의 털가죽인 모피(毛皮)에서, '털을 뽑아 버리고 부드럽게 가공하여' 만든다. 자연 상태의 모피가, 인위적 가공을 거쳐, 전혀 다른 모습으로, '고쳐져 새롭게' 되었다. 여기에서 '혁(革)'은 '개혁(改革)'이나 '변혁(變革)', 또는 '혁명(革命)'을 뜻하는 말이 되었다.

『주역』「잡괘전」에 보면, '혁(革), 거고(去故)'라고 되어 있다. 옛날 것을 버린다! '거고(去故)'는 이전부터 내려오던 '폐단(弊端)', 즉 '구폐(舊弊)'를 버리고 제도나 규율 등을 새롭게 정한다는 의미이다. 흔히 말하듯이, '적폐청산(積弊淸算)'이다. 개인적이건 사회적이건, 이는 낡은 것을 고치고 바꾸어, '새롭게 만들려는' 노력이다.

교육은, 의식의 개조를 통해 실천을 유도하면서, 혁(革)의 중요한 도구로 작용한다. 이런 측면에서 '혁구습(革舊習)'은 교육의 첨병(尖兵)이나 마찬가지이다. 이전부터 내려오던 낡은 습관이나 관행, 시대정신에 부합하지 않는 잘못된 습관을 타파하고, 새로운 삶의 자세를 갖는 일은, 강력한 교육적 쇄신(刷新)을 주문한다. 이 지점에서 '습관(習慣)'과

'교육'의 문제를 짚어 보아야겠다.

베이컨(Francis Bacon, 1561~1626)은 그의 『에세이』에서 「습관과 교육」에 관해 다음과 같이 정돈해 놓았다. 인간의 사고는 거의 '타고난 성향'에 달렸다. 담화나 말은 '학문이나 주입된 의견'에 근거한다. 그러나 '행위'는 길들이기에 따라 달라진다. 마키아벨리(Niccol Machiavelli, 1469~1527)가 말했듯이, "타고난 힘이나 자기 용맹을 자랑하는 것들은 믿을 수 없다!" '습관'에 의한 뒷받침이 없으면 안 된다. 음모를 꾸며 그것을 필사적으로 이루기 위해서는, 인간 천성의 과격함이나 그 약속의 공고함에 의지하지 말라. 손을 피로 물들여본 적이 있는 사람을 고용해야 한다. 이때 천성이나 말로 한 약속도, 습관처럼 강하지는 않다! 습관은 이처럼 무섭다.

처음으로 피를 보는 사람도 푸주한이나 다름없이 단호하다. 음모 수행을 맹세한 사람도 어떤 유혈 사태의 발생을 뒤로할 만큼, 그들 습관의 중요성을 드러낸다. 사람의 습관이 그러하다. 공언하고, 항의하고, 약속하고, 큰 맹세를 하고 난 후에도, 이전에 한 것처럼 똑같이 언행 하는 것을 보면, 이상하게 느껴질 정도이다. 이때 인간은 죽은 상(像)이나 다름없는 것처럼 보인다. 습관의 수레바퀴만으로 움직이는 기계인가!

이런 점에서 습관의 지배(支配) 또는 전제(專制)가 어떤 특징을 지니는지 알 수 있다. 인도의 어떤 종파에 속한 사람들은, 쌓아 올린 나무 위에 조용히 누워, 자신을 불의 희생양으로 바친다. 그 아내도 남편의 시체와 함께 불타 죽고 싶어 한다. 고대 스파르타의 젊은이들은, 디아니의 제단 위에서 회초리로 얻어맞고도 기세가 꺾이지 않았다. 영국의 엘리자베스 여왕 시대에 유죄 선고를 받은 한 아일랜드 반역자는,

총독 대리에게 탄원서를 냈다. 새끼로 꼰 교수대의 밧줄 대신에 잔가지를 엮은 것으로 교수형을 해 달라는 부탁이었다. 그전에는 반역자가 그렇게 교수형을 받는 것이 관례였기 때문이다. 러시아의 수도승은 참회(懺悔)를 위해 밤새도록 물통 안에 앉아 있었고, 그러다가 마침내 딴딴한 얼음으로 굳어 버리기도 했다. 정신적이건 육체적이건, 습관의 힘에 관해서는 많은 사례를 들 수 있다. 그것은 습관이 '인간 생활의 지배자'라는 사실을 보여 준다.

교육의 존재 이유도, 이런 사실을 깨닫고 대처하는 데 있다. 사람은 반드시 좋은 습관을 들이도록 노력해야 한다. 습관이 완전해지는 것은, 젊을 때 이미 시작된다. 이른 시기에 습관으로 굳어지도록, 인간을 형성하는 작업! 이것을 흔히 교육이라 부른다. 젊은 시기에 습관이 형성되는 것은 생물학적 특징도 있지만 삶의 자세와도 연관된다. 예를 들어, 언어에서는 혀가 모든 표현이나 소리에 비교적 순응하는 때가 있다. 기술적 활동이나 운동에 맞는 때는 관절이 유연한 젊은 시기이지, 그 이후 노년에 이른 시기는 아니다. 엄밀하게 말하면, 늦게 배우기 시작하는 사람은 그렇게 유연해질 수 없다. 매우 드문 일이기는 하지만, 마음이 고정되지 않도록 개방되어 있고, 끊임없이 수정받을 용의가 있는 몇몇 특별한 사람들은 예외일 수 있다.

습관의 힘은 사람마다 따로따로 다르게 되어 있다. 그렇더라도 그것이 강력할 경우, 서로를 관련시키고 합치도록 결합하면, 그 습관은 훨씬 강하게 된다. 하나의 모범이 다른 사람에게 가르쳐 주고, 또 어떤 사람이 강하게 만들어 주며, 모방을 통해 원기를 돋우고, 영예가 마음을 고무시켜 주기 때문이다. 이런 경우, 습관은 강력한 힘을 발휘한다.

듀이는 습관을 교육에 바로 연결한다. 『민주주의와 교육』에서 '성장(成長: growth, development)의 표현으로서 습관'이 그것이다. 시대도 지역도 다르지만, 내용의 대강을 훑어보면, 율곡의 '혁구습(革舊習)'을 추인(追認)하는 역할을 부여받은 듯하다.

습관은 가소성(可塑性: plasticity, fictility)과 직결된다. 가소성은 이전의 경험에서 이후의 활동을 달라지게 만드는 요인을 얻고, 그것을 가져가는 능력이다. 이는 습관을 획득하는 힘이다. 또는 일정한 성향을 발달시키는 역량이기도 하다. 습관은 인간의 삶에서 일종의 실행 기술이다. 행동을 효율적으로 해 나가는 생활의 방식이다. 이런 의미에서 습관은 자연조건의 목적을 실현하기 위한 도구로 활용되는 능력이다.

습관은 행동 기관을 조절하여 환경을 적극적으로 제어한다. 그런데 실행 기술로서의 습관을 말할 때는 환경을 제어하는 측면보다는 자신의 몸을 조절하는 측면을 강조하기 쉽다. 예를 들어, 걷기, 말하기, 피아노 치기나 조각가, 외과 의사, 건축가의 특수한 전문 기술을 두고 말할 때, 그것은 단지 유기체의 어떤 부분이 쉽고, 능숙하고, 정확하게 작용하는 것처럼 생각한다. 그런 면이 없지는 않다. 하지만, 유기체의 몸에 형성된 습관의 가치는, 궁극적으로 환경 조건을 얼마나 경제적이고 효과적으로 제어할 수 있느냐에 달려 있다. '인간이 걸을 수 있다!'라고 했을 때, 그것은 '자연의 어떤 성질들을 마음대로 쓸 수 있다!'라는 말이다. 다른 여러 습관도 마찬가지이다.

때로는 교육을 '개인과 환경 사이의 상호 조절(調節)에 이르는 습관 형성의 과정'으로 정의하기도 한다. 이는 성장의 본질적 국면을 잘 드러낸다. 여기서 '조절'를 어떻게 이해하는지가 중요하다. 그것은 목표 달성을 위한 도구의 '제어'라는, 적극적 의미로 보아야 한다. 많은 사람들이 습관에 대해, 그저 무심코 지나친다. 크게 신경 쓰지 않고 소홀히 한다. 단순히 가해진 변화로 여길 뿐, 그것이 환경을 지속적으로 변화시키는 능력으로 이루어져 있다는 사실을 간과한다. 이때 '조절'은 밀랍(蜜蠟)이 찍어 누르는 봉인(封印)에 맞추어지듯이, 환경에 순응(順應)하는 일로 생각된다. 환경을 고정된 어떤 것, 유기체에 일어날 변화의 목적과 표준을 제공하는 것으로 여겨질 때, 조절은 그저 고정된 외적 조건에 자신을 맞추는 일이 된다.

타성(惰性)에 젖은 습관은, 사실상 '상대적'으로 소극적 의미를 지니고 있다. 인간의 일상은, 주변에 있는 것들, 예를 들면, 옷이나 신발, 장갑, 어느 정도 한결같은 기후, 그리고 매일 어울리는 동료들에게 길들어지고 익숙해진다. 이처럼 환경에 적합하게 되는 것, 즉 환경을 변화시키는 능력과 상관없이, 유기체에 형성된 변화가 '타성'이다. 타성은 분명하게 습관의 소극적 특징을 보여 준다. '상대적으로 소극적인 조절'을 적극적인 조절과 구별할 때, '순응(順應)'이라는 말이 적절할 수도 있다.

낯선 도시에 익숙해지는 상황을 통해, 타성의 두 가지 특징을 주목해 본다.

첫째, 인간은 먼저 사물을 사용하고, 그것을 통해 익숙해진다. 낯선 도시를 마주했을 때, 처음에는 자극이 지나치게 많고, 반응 행동도 그만큼 부적응으로 나타난다. 점차 어떤 자극은 중요한 것이어서 선택적으로 반응하게 되고, 그 밖의 자극에는 반응이 약하게 된다. 이때, 그런 자극에 더 이상 반응하지 않는다고 해도 좋고, 실제로 계속 반응한다고 해도 좋다. 이는 항구적 반응, 즉 조절이 평형을 이루었다는 의미이다.

둘째, 조절이 평형을 이룬 타성, 즉 안정적 조절 상태는, 상황이 달라질 때 새로 특수한 조절을 이루는 배경이 된다. 상당수의 인간은 환경 '전체'를 한꺼번에 바꾸려고 하지 않는다. 환경을 있는 그대로, 당연한 것으로 받아들인다. 이러한 것들을 배경으로, 필요한 변화를 창출하려 할 때, 인간의 활동은 특정 지점에 초점을 두게 된다. 타성은, 당시에는 변화시킬 마음이 없는 어떤 환경에 대한 조절적 평형 상태로, 적극적 습관에 지렛대 역할을 한다.

습관은 행동의 용이함이나 경제성 및 효율성의 증대만이 아니라, '지적·정서적 성향의 형성'을 의미하기도 한다. 어떤 습관이건, 거기에는 하고 싶어 하는 성향이 있다. 그 습관을 실행하기 위한 조건을 더욱 적극적으로 좋아하고 선택해 가는 정서적 성향이 따른다. 또한 습관은 지적 성향을 나타내기도 한다. 습관이 있는 곳에는 행동이 적용되는 자료와 장비에 대한 지식이 있다. 그 습관이 작용하는 상황을 이해하는 명확한 방식이 있다. 생각과 관찰, 반성의 유형은 습관을 구성하는 기술이나 열망의 요소이다.

지적·정서적 성향을 형성하는 습관! 이에 대한 조선 유학의 선구안이, '혁구습(革舊習)'의 교육 양식에 반영되었던 것은 아닐까? 율곡은 말한다.

人雖有志於學, 而不能勇往直前, 以有所成就者, 舊習, 有以沮敗之也.
사람이 교육에 뜻을 두었다고 하자! 그런데 용맹스럽게 앞으로 나가고 전진해서 뜻을 이루지 못하면, 옛날의 습관이 그 뜻을 막아 흐려버리고 만다.

일상의 여러 문제를 해결하기 위해, 다양한 방식으로, 배움에 뜻을 둔 사람은 많다! 수많은 교육의 형태가 그것을 예고한다. 하지만,

그 배움을 끝까지 완수하여 성취하는 사람은 상대적으로 적다. 왜 그런가? 평소의 나태한 생활 태도가 주범이다. 게으름에 젖은 일상은, 일종의 '타성(惰性)'에 젖은 자세이기도 하다. 오래되어 굳어진 좋지 않은 버릇! 즉 '타성(惰性)'을 '답습(踏襲)'하며 나쁜 습관을 일삼는 사람의 생활은 심각한 '적폐(積弊)'를 불러온다.

이때 필요한 삶의 자세가 '용왕직전(勇往直前)'이다. 용맹스럽게 앞으로 나아가라! '용맹정진(勇猛精進)'이라고 했듯이, 웬만하게 굳은 의지가 아니면, 구습(舊習)의 타성이 갖고 있는 힘을 감당하지 못한다. '혁구습'이 어려운 이유가 여기에 있다.

4-2

율곡은 아래와 같은 여덟 가지의 낡은 습관을 제시한다. 구습(舊習)의 조목(條目)이라고나 할까? 그리고 '려지통절(勵志通絶)'의 자세를 권고한다. 아니, 강요한다고 보아야 옳다. 낡아서 시대에 부합하지 않는 것들, 도리에 맞지 않은 비윤리적인 것들, 본분에 합당하지 않은 잡기들, 등등. 낡은 풍속과 습관들을 모조리, 통렬하게 끊어라!

舊習之目, 條列如左. 若非勵志通絶, 則終無爲學之地矣.

옛날의 습관은 다음과 같다. 뜻을 힘쓰고 옛날의 습관을 통렬하게 끊지 않으면, 마침내 아무것도 배운 것이 없게 된다.

其一, 惰其心志, 放其儀形, 只思暇逸, 深厭拘束.

첫 번째, 그 마음과 뜻을 게으르게 하고, 거동과 몸가짐을 아무렇게나 하며, 제 한 몸이 편안하게 지낼 것만 생각하여 구속되는 것을 싫어한다.

其二, 常思動作, 不能守靜, 紛紜出入, 打話度日.

두 번째, 항상 설치고 나댈 것만 생각하고, 조용히 마음을 지키려고 애쓰지 않으며, 어지럽게 드나들면서 쓸데없는 말만 하고 세월을 보낸다.

其三, 喜同惡異, 汩於流俗, 稍欲修飭, 恐乖於衆.

세 번째, 자기와 같은 부류의 사람은 좋아하고 다른 사람은 싫어하며, 세속의 유행에 골몰하면서, 자기의 행동을 조심하려고 해도 남들과 어그러질까 두려워한다.

其四, 好以文辭取譽於時, 剽竊經傳, 以飾浮藻.

네 번째, 문장으로 세속의 칭찬받는 것을 좋아하여, 경전에 있는 글을 표절하고, 화려하게 문장을 꾸민다.

其五, 工於筆札, 業於琴酒, 優游卒歲, 自謂淸致.

다섯 번째, 쓸데없는 편지 쓰기를 일삼고, 악기를 연주하고 술 마시기를 즐기며, 공연히 놀고 세월을 보내면서, 자기만이 맑은 운치를 가지고 사는 체한다.

其六, 好聚閒人, 圍棋局戲, 飽食終日, 只資爭競.

여섯 번째, 한가로운 사람들을 모아 놓고, 바둑이나 장기 두는 것을 좋아하고, 배불리 먹고 마시면서 허구한 날을 보내고, 사람들과 다투기를 꾀한다.

其七, 歆羨富貴, 厭薄貧賤, 惡衣惡食, 深以爲恥.

일곱 번째, 부자나 귀한 사람을 부러워하고, 가난하고 천하게 지내기를 싫어하며, 허름한 의복을 입거나 거친 음식 먹는 것을 몹시 부끄러워한다.

其八, 嗜慾無節, 不能斷制, 貨利聲色, 其味如蔗.

여덟 번째, 욕심을 부려 절개와 지조가 없고, 도리에 맞지 않는 일들을 끊고 억제하지 못하며, 재물이나 이권, 음악과 이성에 빠져 그 맛을 사탕처럼 달게 여긴다.

習之害心者, 大槪如斯. 其餘難以悉擧.

습관이 마음을 해치는 것이 대개 이와 같다. 그 나머지는 이루 다 거론조차 하기 어렵다.

여덟 가지는 일상생활의 내용에 근거하고 있다. 그러나 엄밀하게 말하면 조선 사회의 사대부(士大夫)들, 즉 당대의 '지성인'인 학자들이 경계해야 할 낡은 습관이다.

첫 번째와 두 번째의 낡은 습관에 대해서는, '몸과 마음을 단정하게 지켜야 한다!'라고 주문하고 있다. 세 번째 제시한 것은 세속적 가치에 빠지지 않고 자신을 수양하는 문제이다. 자신의 의견이 사람들과 다르더라도, 학자로서 파악한 올바른 뜻을 지켜, 인간으로서의 품위를 잃지 않아야 한다고 강조한다. 네 번째와 다섯 번째는 학자로서 자신의 자리에 맞는 학문에 매진하지 않고, 얕은 지식을 이용하여 문장을 화려하게 꾸미기나 하는 지적 유희에 빠지지 않도록 권고한다. 여섯 번째는 학자로서의 학문을 제쳐 두고 바둑이나 장기 놀이를 하면서 무위도식하는 행위가 부당함을 지적한다. 일곱 번째와 여덟 번째는 감각적이고 물질적 욕망을 절제하라는 메시지를 전한다.

'혁구습'을 위한 일상의 낡은 습관에 대한 경계는, 궁극적으로 '훌륭한 인간' 양성, 즉 '좋은 사람'을 기르는 교육으로 이어진다. 그것은 다름 아닌 '성장(成長)'이다. 듀이는 '성장'의 1차적 조건으로 '미숙함'을 꼽는다. 내용이 동일하지는 않지만, 논리적으로 볼 때, '미숙함'은 '혁구습(革舊習)'에서 '구습'에 해당한다. 구습으로 제시한 여덟 가지 조목은, 인간으로서 생물학적 미숙함이 아니라, 마땅한 도리를 구가할 조건을 갖추지 못한, '윤리적 미숙함'이다. 미숙한 존재는 아직 발달하지 못한 어느 시점에서, 발달할 수 있다! 뻔한 소리처럼 들릴 수도 있다. 하지만 조금만 심사숙고해 보라.

'미숙(未熟)'에서 '미(未)'는 단지 '비어 있거나 부족하다'라는 의미를 넘어, 보다 적극적인 무언가를 담고 있다. 비어 있거나 부족한 것은 채우거나 충족할 가능성이다. 그것은 '수용력(受容力)'이나 '잠재성(潛在性)'의 바탕이 된다. 수용력과 잠재성에는 소극적 또는 적극적 차원의 이중적 의미가 내포되어 있다. '수용력'이라는 말은 소극적으로 단순히 받아들이는 능력이다. '어떤 강당에 100명을 수용할 수 있다'라고 했을 때, 그 강당의 수용 능력은 100명이라는 것이 그런 뜻이다. '잠재성'의 경우도 그저 잠복 중인 무활동 상태, 즉 외적 영향에 의해 뭔가 달라질 수 있는 능력을 의미한다. 다른 한편으로 보면, '수용력'은 '무언가를 할 수 있는 능력', 즉 '일종의 힘'을 의미한다. '잠재성'도 적극적으로 의미를 부여하면, '효능' 또는 '효력'을 뜻한다. '미숙함'도 마찬가지이다. '미숙함'을 '성장 가능성'이라고 할 때, 그것은 나중에 존재하게 될, '힘의 부재'를 지칭하는 것이 아니다. 적극적으로, 현재에 존재하는 힘, 바로 발달할 수 있는 '토대 역량(土臺 力量)'을 표현한다.

그러나 '미숙함'을 '단순히 부족한 상태'로 간주하고, '성장'을 미숙과 성숙 사이의 간격을 채우는 무언가로 다루는 경향이 있다. 그것은 미성숙한 시기를 그 자체로서 이해하는 것이 아니라 '비교하는 시선'으로 인식하기 때문이다. 성숙한 시기를 고정된 기준으로 삼고 비교하기 때문에, 미성숙한 시기를 단지 어떤 결핍으로 여기게 되는 것이다.

율곡은 '성장'의 문제를 개방적 시선으로 제시했다. '혁구습'의 문제를 당당하게 선언하며, 미성숙기의 '구습'을 성숙한 시기의 '혁구습'으로 전환할 것을 당부한다. 그것이 성장이고 교육이다. '용왕직전(勇往直前)'과 '려지통절(勵志通絶)'은 성장을 담보하는 삶의 철학이다. 그렇게 인간은 좋은 사람으로서 품격과 품위를 갖춘다.

아리스토텔레스는 『니코마코스윤리학』에서 '좋은 사람'과 관련한 자신의 사유를 전한다. '좋은 사람'이 되는 것과 관련하여 몇몇 의견이 있다. 어떤 사람들은 '본성적'으로 그렇게 된다고 생각한다. 다른 어떤 사람들은 '습관'에 의해 그렇게 된다고 생각한다. 또 다른 어떤 사람들은 '가르침'에 의해 그렇게 된다고 생각한다. '본성'에 의해 그렇게 된다면, 그것은 인간의 노력에 달린 사안이 아니다. 어떤 신적(神的) 원인으로 말미암은 것으로, 분명, 진정으로 운이 좋은 사람에게만 해당하는 일이다. '가르침'은 모든 경우에 힘을 발휘하지는 않는다. 듣는 사람들의 영혼이 '습관'을 통해 기뻐하며 고귀하게 되도록, 미리 준비되어 있어야만 한다. 곡식의 씨앗이 자라는데 적당하도록 땅을 준비하듯이 해야 한다.

감정에 따라 사는 사람은, 감정으로부터 되돌리려는 말을 듣지 않는다. 이해하지도 못한다. 이런 상태의 사람은 '구습(舊習)'에 사로잡힌 존재에 가깝다. 제멋대로의 타성(惰性)에 젖어 있다. 그러기에 자기의 감정을 충실히 따르며 생활한다. 어떻게 변화하도록 설득할 수 있단 말인가? '혁구습'이 먹혀들어 갈까? 일반적으로 감정은 말에 복종하지 않고, 힘에 복종하는 것 같다. 그렇다면 이런 존재의 교육을 위해, 고귀한 것을 사랑하고 부끄러운 것을 싫어하는 탁월성을 향해 가도록, 고유한 품성 상태를 미리 가지고 있어야 한다. 탁월성은 '혁구습'을 통해 성장한 교육받은 사람의 품격이다.

무지몽매한 존재들이, 탁월성을 향한, 올바른 지도를 받는다는 것은, 올바른 법으로 길러질 때 가능하다. 그렇지 않고서는 어려운 일이다. 절제하고 강인하게 사는 일이, 일상에서 아주 흥겹게 즐기면서 할 수 있는 일은 아니지 않는가! 이 때문에 그들의 교육과 그들이 해야 할 일은 법으로 규정되어야만 한다. 일단 익숙해지고 나면 고통스럽지 않다!

율곡의 '혁구습'을 향한 열정 속에, 이런 논리가 녹아 있다. 유교의 오륜(五倫)이라는 규범을 중심으로 '혁구습'에서 제시한 여덟 가지의 금지 조항은 '올바른 법률'에 해당한다. 낡은 습관을 성찰하고 절제하라! 그렇게 몸에 배어 익숙해지면, 일상이 즐겁지는 않더라도 고통스럽지도 않다. 그저 평온하고 당당한 일상이 된다.

4-3

'혁구습'의 마지막 당부는 두 가지이다. 하나는 낡은 습관의 특징을 되새기는 일이고, 다른 하나는 그것을 타파하는 각오이다. 이런 성찰을 통해, '진학공부(進學工夫)'를 논의해야 한다. 그것이 일상을 상식적으로 회복하려는, 건전한 인간의 교육에 대한 관점이다.

㉮ 此習, 使人志不堅固, 行不篤實. 今日所爲, 明日難改, 朝悔其行, 暮
已復然.

이 습관들은 사람들의 뜻을 견고하게 만들지도 못하게 하고, 행실을
독실하게 만들지도 못하게 한다. 오늘 행한 것을 내일에 가서도 고칠
줄 모르고, 아침에는 후회하면서도 저녁에는 또다시 되풀이하게 만
든다.

㉯ 必須大奮勇猛之志, 如將一刀, 決斷根株, 淨洗心地, 無毫髮餘脈, 而
時時每加猛省之功, 使此心無一點舊染之汚然後, 可以論進學之工夫矣.

반드시 크게 분발하여 용맹스러운 뜻을 가지고, 한 칼로 그 뿌리를 잘
라 없애, 마음을 깨끗하게 씻어내어, 터럭만큼도 남지 않도록 만들어
야 한다. 그리고 자주 반성하는 공부를 하여, 마음에 한 점이라도 낡
은 습관에 더럽혀짐이 없게 한 뒤에, 학문에 나아가는 공부를 말할 수
있으리라.

㉮에서 언급한, 낡은 습관의 세 가지 특징

첫째, 지불견고(志不堅固), 행부독실(行不篤實)!-올바른 도리를 굳게
지키지 못하고, 행동이 성실하지 않다.

둘째, 소위난개(所爲難改)!-타성에 젖은 잘못된 관행을 오늘 그대
로 저지르고, 잘못된 일임을 뻔히 알면서도 다음 날 고칠 생각은 하지
않고 또 그대로 저지른다.

셋째, 조회모부(朝悔暮復)!-아침이 되면 어제 한 일을 후회하다가

저녁이 되면 그 일을 또다시 저지른다.

㉯에서 언급한, 타파하는 각오 다섯 가지

첫째, 대분용맹(大奮勇猛)!-크게 분발하여 용맹하게 나아가라.

둘째, 일도결단(一刀決斷)!-단칼에 잘라 없애라.

셋째, 정세심지(淨洗心地)!-마음을 깨끗하게 씻어내라.

넷째, 맹성지공(猛省之功)!-항상 성찰하며 공부하라.

다섯째, 무일구염(無一舊染)!-하나라도 낡은 습관에 물들지 말라.

5. 지신(持身) - 몸가짐을 올바르게 하다

5-1

'지신(持身)'은 몸가짐에 필요한 포인트를 정돈한 글이다. 바로 앞 장의 '혁구습(革舊習)' 이후, 낡은 습관을 타파하고, 어떤 일상을 구가할 것인가? 그것은 스스로 '몸'과 '마음'에 가하는 윤리의 구체적 형태이다. 달리 말하면, 유교가 추구하는 기본 예의이자, 삶의 도리이다. 그런 만큼 일상에서 올바른 '태도' 형성을 갈망한다. 알랭(Alain: mile Auguste Chartier, 1868~1951)은 『행복론』에서 이런 삶의 태도에 대해, 의미 있는 생각거리를 던진다.

'예의'라는 관습은 사람의 사고에 큰 영향력을 지닌다. 상냥스러움이나 친절, 쾌활함 등을 흉내 내면, 그것은 불쾌감이나 심지어 위장병과 같은 병조차도 훌륭하게 치료한다. 머리를 숙여 인사하거나 미소를 짓는 운동은, 그 반대편에 있는 노여움이나 불신, 비탄 등의 운동을 불가능하게 만든다. 그 때문에 사교 생활이나 방문, 의식(儀式)이나 축제 등을 언제든지 좋아하게 된다. 그것은 행복을 흉내 내는 기회이다. 이런 일종의 희극은, 확실히 인간을 비극에서 해방한다. 대단한 일이다.

어쩌면, 율곡이 강조하는 지신(持身), 그 유교 교육의 실천이, 일상의 담담한 예의범절로, 행복을 흉내 내는 기회인 것은 아닐까? 머리를 숙여라! 겸손을 일상화하라! 이런 표현은 단순하게 교만한 노여움이나 거만하고 오만한 마음을 버리라는 말이 아니다. 조용히 눈을 감고 휴식하며 부드럽게 행동하라는 의미이다. 그렇게 하면 성격의 거친 면이 반듯해진다. 장기적으로, 또는 영구히, 교만이 뚝뚝 떨어지는 거친 상태로 존재하지 않는다.

인간은 일상의 윤리나 예의, 건전한 삶의 태도를 위해, 어떤 집요한 생각으로 자신을 내몰고 있을까? 긴장된 근육을 이완하기 위한, 걱정을 멀리 던져 버리고, 손가락의 관절을 꺾으며 팔을 쭉 뻗는 자세를 취하지 않을까? 지금 가지고 있는 오류들에 대해 다른 지각과 다른 인식을 하지 않을까? 그렇게 자신의 마음을 사로잡고, 그 몸매를 다스리며 부드럽게 하여, 모든 분노와 초조를 물리친다면, '지신(持身)'을 방해하는 요인들이, 지금 당장, 이 몸과 마음을 떠나지 않을까?

올바르지 못한 행위를 저질러 난처하였을 때의 몸짓을 좋아하라! 상식을 갖춘 교양인이라면, 이때 뒷머리를 긁적거린다. 이 몸짓은 '지신(持身)'을 향한 하나의 책략이다. 사람을 해치려는 가장 무서운 동작의 하나인, 돌이나 화살을 던지려는 듯한 몸짓을 하다가, 즉시 중단하고 잊어버리게 만드는 효과를 준다. '지신(持身)'을 실천하는 현자(賢者), 그런 학문을 하려는 사람이 되기 위한 비결은 간단하다. 바이올린 연주자에 비유해 보자. 바이올린을 켜는 방법에 대해 궁리만 하지 말고, 먼저 손을 들고 바이올린을 켜보라! 그것이 상책이다.

교육에 임하는 사람은 다시 목표와 목적을 확인하라. 교육의 기초가 어디에 있는가?

㉮ 學者, 必誠心向道, 不以世俗雜事亂其志然後, 爲學有基址.

학문하는 사람, 교육을 받는 인간은 반드시 마음을 정성스럽게 하여 올바른 도리를 구해야 한다! 일반 사람들이 세상에서 마구 잡스럽게 하는 일들을 가지고, 교육의 목적을 어지럽게 만들지 않아야 한다. 그런 다음에, 교육하는 이유와 그 목적에 관해 정돈하는 것이 마땅하다.

㉯ 故夫子曰, 主忠信. 朱子釋之曰, 人不忠信, 事皆無實, 爲惡則易, 爲善則難. 故必以是爲主焉. 必以忠信爲主, 而勇下工夫然後, 能有所成就.

그 때문에 공자가 말했다. "성실한 마음과 신의를 핵심으로 삼아라!" 이에 대해 주자가 다음과 같이 해석하였다. "사람이 성실한 마음과 신의가 없으면, 일이 모두 알차지 못하리라. 나쁜 짓을 저지르기는 쉽고, 착한 일을 하기는 어렵다. 그러므로 반드시 성실한 마음과 신의를 중심으로 삼아야 한다. 이 성실한 마음과 신의를 중심으로 용맹스럽게 공부한 다음, 제대로 성취하는 것이 있으리라."

㉰ 黃勉齋, 所謂 眞實心地, 刻苦工夫, 兩言盡之矣.

주자의 제자인 황간이 말하였다. "마음 밭을 참으로 알차게 만들어 힘써 공부하라!" 이 두 마디 말이 그 뜻을 모두 설명하였다.

몇 가지만 확인하자. 교육의 목적을 헷갈리지 않게, 일관되게 나아가는 공부 양식의 첫 번째 단추는 '성심향도(誠心向道)'이다. 마음을 정성스럽게 하여 올바른 도리를 구해 나가라! 두 번째 단추는 '세속잡사(世俗雜事)'를 멀리하는 일이다. 세상에는 수많은 일들이 뒤섞여 있다. 좋은 일 나쁜 일, 무거운 일 가벼운 일 등 측면과 차원을 달리하는 일들이 종횡으로 얽혀 있다. 이 가운데 교육을 통해 달성해야 할 요점을 확인하라. 그러면 자신의 본분에 따라, 처리해야 할 교육의 영역이 보인다. 그것은 앞에서 얘기한 '이상(異常)'하거나 '현묘(玄妙)'한 것에 대한 경계이다.

㉯에 인용한 공자의 말, '주충신(主忠信)'은 『논어』「학이」에 다음과 같이 기록되어 있다.

> 君子, 不重則不威. 學則不固. 主忠信, 無友不如己者, 過則勿憚改!
>
> 교육받은 사람이, 중후하지 못하면 위엄이 없다. 배움도 견고하지 못하다. 성실한 마음과 신의를 기준으로 삼고, 자기만 못한 사람을 사귀지 말며, 잘못이 있으면 고치기를 꺼리지 말라!

이는 주자에게서 '충신용하(忠信勇下)'의 정신으로 더욱 강조된다. '성실한 마음과 신의를 중심으로 용맹스럽게 공부하라!' 이런 자세만이 몸과 마음을 다지는 교육을 담보한다. '충(忠)'은 '진기지위충(盡己之謂忠)', 즉 자신의 마음을 '성심성의'로 하는 일, 이른바 최선을 다하는 마음가짐이다. '신(信)'은 '이실지위신(以實之謂信)', 즉 '충(忠)'을 바탕으로, 알맹이가 차도록 성실한 자세를 말한다.

교육에 임하는 사람은 기본적으로 신중한 태도를 유지해야 한다. 조심스럽지 못하고 경거망동(輕擧妄動)하면, 교육하는 것 자체가 무의미하여, 아무리 노력하는 것처럼 보여도 알찬 성과가 없다. 경건성과 성실성이 담보되지 못하여, 삶이 성숙하지 않고, 가벼운 상태에서 맴돈다. 일상이 피폐하여 '삶의 미학'이 그려지지 않는다. 이는 성실한 생활 태도와 신중한 몸가짐을 강조한, 교육의 심리적 지지 기반이다.

5-2

교육의 심리적 지지 기반이 다져지면, 그것은 외형에서 구체적으로 드러나야 한다. 그 명확한 형태는 근면하면서도 몸에 밴 단정함이다. 이에 관한 논리는, 아리스토텔레스가 『니코마코스윤리학』(6권)에서 언급한 '성격의 탁월성'과 '사유의 탁월성'에 빗대보면, 상당한 힌트를 얻을 수 있다.

인간의 모든 품성 상태 내부에는, 다른 경우에도 그렇듯이, 어떤 과녁이 있다. 이성을 가지고 있는 사람은 이를 바라보면서 죄거나 푼다. 올바른 이성을 따르고 있기에, 일종의 기준을 설정한다. 그것이 여기에서 말하는 '구용(九容)'이나 '구사(九四)'와 같은 '지신(持身)'의 내용은 아닐까?

영혼의 품성 상태에 관해, 올바른 이성이 무엇이며, 그것의 정의가 무엇인지를 규정할 필요가 있다. 영혼의 탁월성은 둘로 나누면, 한쪽은 '성격(ethos)의 탁월성'이고, 다른 한쪽은 '사유(dianoia)의 탁월성'이다. 여기에서 '탁월성'은 합리적 선택과 결부된 품성 상태를 말한다. 그것은 인간 사회의 다양한 관계에서 성립하는 '중용(中庸)'에 의존한다. 중용은 이성에 의해 실천적 지혜를 가진 사람이 규정한다.

이런 점에서 '성격의 탁월성'은 다음과 같이 드러난다. '두려움'이나 '대담함'과 관련해서는 '용기'가 중용이다. '즐거움'이나 '고통'과 관련해서 '절제'가 중용이다. 이러한 영혼은 이성적 부분과 비이성적 부분으로 나뉘어 있다. 전자는 학문적 인식의 부분(epistérmonikon)이고, 후자는 '이성적으로 헤아리는 부분(logistikon)'이다.

영혼 안에는 행위와 진리를 지배하는 세 가지가 있다. '감각(aisthesis)'과 '지성(nous)'과 '욕구(orexis)'가 그것이다. 이 가운데 감각은 어떤 행위의 '원리'가 아니다. 동물들도 감각은 가지고 있지만, 행위에는 참여하지 못한다. 인간은 다르다!

특히, 사유에서 긍정과 부정에 해당하는 것은, '욕구'에서 '추구'와 '회피'이다. 그러므로 성격적 탁월성은 합리적 선택과 관련한 품성 상태이다. 합리적 선택은 숙고(熟考)를 거친 욕구이다. 합리적 선택이 신실(信實)하려면 '이성(logos)'도 참이고 욕구도 올바른 것이어야 한다. 동일한 것을 두고, 이성은 긍정하되 욕구는 추구해야만 한다. 이것이 바로 실천적 사유이자 실천적 진실이다.

사유에서 그것의 잘함과 못함은 참과 거짓과도 같다. '행위의 원리'는 합리적 선택이다. 하지만, 그것으로부터 '운동이 시작된다'라는 의미에서의 원리일 뿐이다. '행위의 목적'이라는 의미에서 원리는 아니다. 합리적 선택의 원리는 욕구 및 어떤 목적을 지향하는 이성이다. 이 때문에 합리적 선택은 지성이나 사유 없이 생기지 않는다. 또 성격적 품성 상태가 없이도 생기지 않는다. 잘 행위 한다는 것은 '사유'나 '품성' 없이는 있을 수 없다!

'사유 그 자체'는 아무것도 움직이지 못한다. 하지만, 목적을 지향하는 실천적 사유는 그렇지 않다. 사실, 이런 사유가 '제작적 사유(製作的 思惟)'까지도 지배한다. 제작하는 사람은 누구든, 어떤 목적을 위해 제작한다. 목적은 행위를 통해 성취될 뿐이다. 잘 행위 한다는 것이 목적이며, 욕구는 이 목적을 향한다. 그런 까닭에, 합리적 선택이란 '욕구적 지성'이거나 '사유적 욕구'이다. 인간은 바로 그러한 원리로 일상을 견지(堅持)한다.

'지신(持身)'은 이러한 사유와 행위의 변증법이자 유기체이다. 조선 유교의 패러다임이 현대 사회의 문화와 생활과는 여러 차원에서 다르지만, 농경사회에서 요구했던 일상의 모습은 굳건하게 교육의 요건으로 제시되었다. 아래에 제시되는 실천 양식들은, 더 이상 설명할 필요가 없을 정도로, 명확한 지침들이다.

常須夙興夜寐, 衣冠必正, 容色必肅, 拱手危坐, 行步安詳, 言語愼重, 一動一靜, 不可輕忽苟且放過.

평소, 아침 일찍 일어나고 밤늦게 잠을 잔다. 의복과 모자는 반드시 단정하게 하고, 얼굴빛은 반드시 엄숙한 모습을 한다. 손은 마주 잡고 앉을 때는 반듯한 모습으로 하며, 걸음걸이는 편안하고 조심스럽게 한다. 말은 신중하게 하고, 일거수일투족이라도 경솔하고 구차하게 아무렇게나 지나쳐버려서는 안 된다.

5-3

㉮ 收斂身心, 莫切於九容. 進學益智, 莫切於九思.

몸과 마음을 가지런하게 하는 데는 '구용(九容: 아홉 가지 용모)'보다 중요한 것이 없다. 그리고 교육을 추동시켜 학문 진보를 도모할 때, 지혜를 갖추도록 하는 데는 '구사(九思: 아홉 가지 생각)'보다 중요한 것이 없다.

'구용(九容)'은 다음의 아홉 가지 용모이다. 아홉 가지는, 손과 발 모양, 머리와 낯빛, 눈과 입과 목소리, 기운, 그리고 서 있는 모습 등 외형적으로 드러나는 인간의 기거동작에 관한 기준이다.

㉯ 所謂九容者: 足容重; 不輕擧也, 若趨于尊長之前, 則不可拘此. 手容恭; 手無慢弛, 無事則當端拱, 不妄動. 目容端; 定其眼睫, 視瞻當正, 不可流眄邪睇. 口容止; 非言語飲食之時, 則口常不動. 聲容靜; 當整攝形氣, 不可出噦咳等雜聲. 頭容直; 當正頭直身, 不可傾回偏倚. 氣容肅; 當調和鼻息, 不可使有聲氣. 立容德; 中立不倚, 儼然有德之氣像. 色容莊; 顔色整齊, 無怠慢之氣.

첫째, 발걸음은 신중해야 한다. 경솔하게 움직여서는 안 되지만, 어른 앞을 지나가야만 한다면 지나치게 이에 구애받지는 않는다.

둘째, 손은 가지런히 모아 공손하게 해야 한다. 손은 게으르게 또는 그저 아무렇게나 제멋대로 두어서는 안 된다. 일이 없을 때는 마땅히 가지런히 모으고 망령되게 움직여서는 안 된다.

셋째, 눈은 단정하게 한다. 눈의 모습을 안정되게 하고, 바라보는 것은 바르게 해야 하며, 흘겨보거나 곁눈질해서는 안 된다.

넷째, 입은 다물고 있는다. 말할 때나 음식을 먹을 때가 아니면, 입을 함부로 움직이지 않는다.

다섯째, 목소리는 조용하게 한다. 몸을 가지런히 하여, 기침이나 딸꾹질 같은 잡된 소리를 내서는 안 된다.

여섯째, 머리는 반듯하게 한다. 머리를 똑바로 하고 몸을 곧게 세워, 한쪽으로 기울거나 기대서는 안 된다.

일곱째, 기운은 엄숙하게 가져야 한다. 숨 쉬는 것을 조화롭게 하여 호흡하는 소리가 나지 않도록 한다.

여덟째, 서 있는 모습은 당당하고 떳떳하게 보이도록 한다. 가운데 바로 서고 삐딱하게 기대 서지 않으며, 엄숙하게 덕망을 갖춘 기풍을 가져야 한다.

아홉째, 얼굴빛은 씩씩한 모습을 한다. 얼굴빛은 가지런하게 하여 게으른 기색이 없도록 한다.

〈九容〉

君子之容, 舒遲, 見所尊者齊遬. 足容重, 手容恭, 目容端, 口容止, 聲容靜, 頭容直, 氣容肅, 立容德, 色容莊, 坐如尸, 燕居告溫溫! - 『禮記』「玉藻」

교육받은 사람〔군자〕의 용모는, 우아하다. 그런 만큼, 존중할만한 사람을 보면, 몸가짐을 정돈하고 삼가는 자세를 취한다.

발의 움직임을 무겁게 하고, 손 모양을 공손히 하고, 눈 모양을 단정히 하고, 입 모양은 꼭 다물고, 목소리는 조용히 하고, 머리는 곧게 세우고, 숨을 쉴 때는 조용하게 하고, 서 있는 모양은 덕망을 갖추고, 낯빛을 엄숙하게 하고, 앉아 있는 모양은 시동처럼 가만히 있고, 평소 거처할 때와 제사 지낼 때는 온화한 용모를 지닌다.

이어서 등장하는 '구사(九思)'는 다음의 아홉 가지 생각이다. 앞의 '구용'이 '외면의 행위'라면, '구사'는 '내면의 사고'이다. 이런 점에서 '구용'과 '구사'는 표리관계를 이룬다.

㉺ 所謂九思者: 視思明; 視無所蔽, 則明無不見. 聽思聰; 聽無所壅, 則聰無不聞. 色思溫; 容色和舒, 無忿厲之氣. 貌思恭; 一身儀形, 無不端莊. 言思忠; 一言之發, 無不忠信. 事思敬; 一事之作, 無不敬愼. 疑思問; 有疑于心, 必就先覺審問, 不知不措. 忿思難; 有忿必懲, 以理自勝. 見得思義; 臨財必明義利之辨, 合義然後取之.

첫째, 볼 때는 밝게 볼 것을 생각한다. 눈으로 보는 데 가림이 없으면 밝아서 못 보는 것이 없다.

둘째, 들을 때는 분명하게 들을 것을 생각한다. 귀로 소리를 듣는 데 막힘이 없으면 분명하게 들을 수 있어, 못 듣는 것이 없다.

셋째, 얼굴빛은 온화하게 할 것을 생각한다. 낯빛은 온화하고 편안하게 하여 화내는 기색이 없어야 한다.

넷째, 모습은 공손하게 할 것을 생각한다. 몸의 거동은 단정하고 씩씩하게 한다.

다섯째, 말할 때는 진실할 것을 생각한다. 한 마디 말이라도 진실하고 신의가 없게 하지 않는다.

여섯째, 일할 때는 공경스럽게 할 것을 생각한다. 한 가지의 일을 할 때라도 공경하고 신중하게 한다.

일곱째, 의심나는 일이 있으면 남에게 물을 것을 생각한다. 마음에 의문이 생기면 반드시 먼저 깨달은 사람에게 가서 자세하게 물으며, 모른 채 두어서는 안 된다.

여덟째, 화가 날 때는 어려운 일이 생길 것을 생각한다. 화가 나면 반드시 경계하여, 합당한 방법으로 스스로 이겨내야 한다.

아홉째, 얻을 것을 보면 올바른 것인지를 생각한다. 재물에 마주했을 때는 반드시 의리와 이익의 사이의 분별을 분명하게 하여, 의리에 합치된 뒤에 취한다.

〈九思〉

　君子, 有九思. 視思明, 聽思聰, 色思溫, 貌思恭, 言思忠, 事思敬, 疑思問, 忿思難, 見得思義! - 『論語』「季氏」

교육받은 사람〔군자〕에게는 아홉 가지 생각해야 할 일이 있다.

사물을 볼 때는 분명하게 볼 것을 생각하고, 세상일에 관해 들을 때는 명확하게 들을 것을 생각하고, 낯빛은 온화하게 할 것을 생각하고, 용모는 공손할 것을 생각하고, 말은 진실하게 할 것을 생각하고, 일은 신중하게 할 것을 생각하고, 의심이 나면 질문할 것을 생각하고, 화가 날 때는 근심이 생길 것을 생각하고, 이익이 생기면 올바르게 얻는지를 생각해야 한다.

〈不知不措〉

有弗學, 學之, 弗能弗措也. 有弗問, 問之, 弗知弗措也. 有弗思, 思之, 弗得弗措也. 有弗辨, 辨之, 弗明弗措也. 有弗行, 行之, 弗篤弗措也.
- 『中庸』(二十章)

배우지 않음이 있을지언정, 배우게 되면, 잘하지 못하는 것을 내버려 두지 않는다.

묻지 않음이 있을지언정, 묻게 되면, 알지 못하는 것을 내버려 두지 않는다.

생각하지 않음이 있을지언정, 생각하게 되면, 이해하지 못하는 것을 내버려 두지 않는다.

분별하지 않음이 있을지언정, 분별하게 되면, 분별하지 못하는 것을 내버려 두지 않는다.

실천하지 않음이 있을지언정, 실천하면 최선을 다하지 못한 것을 내버려 두지 않는다.

『격몽요결』의 원문에서 '불(不)'과 『중용』에서 '불(弗)'은 동일한 의미로 '아니하다'라는 뜻이다.

㉓ 常以九容九思, 存於心而檢其身, 不可頃刻放捨. 且書諸座隅, 時時 寓目. 非禮勿視, 非禮勿聽, 非禮勿言, 非禮勿動, 四者, 修身之要也. 禮 與非禮, 初學難辨, 必須窮理而明之. 但於已知處, 力行之, 則思過半矣.

언제나 구용(九容)과 구사(九思)를 마음속에 두고, 자기 몸을 단속하여, 잠시라도 그대로 내버려두어서는 안 된다. 또 자기가 앉아 있는 곳의 모퉁이에, 이 내용을 써 붙여 놓고, 때때로 눈여겨보아야 한다. '도리가 아니면 보지 말고, 도리가 아니면 듣지도 말고, 도리가 아니면 말하지도 말고, 도리가 아니면 움직이지도 말라!'라고 하는 이 네 가지는, 몸을 수양하는 요체이다. 도리와 도리가 아닌 것을, 이제 막 교육에 임하기 시작한 사람들이 모두 분별하기는 어렵다. 그만큼 반드시 이치를 캐묻고 밝혀야 한다. 다만, 이미 알고 있는 내용에 대해, 힘써 실천하면, 깨달은 것이 많으리라.

〈非禮勿視, 非禮勿聽, 非禮勿言, 非禮勿動.〉
顔淵問仁. 子曰, 克己復禮爲仁, 一日克己復禮, 天下歸仁焉. 爲仁由己, 而由人乎哉! 顔淵曰, 請問其目. 子曰, 非禮勿視, 非禮勿聽, 非禮勿言, 非禮勿動. 顔淵曰, 回雖不敏, 請事斯語矣. -『論語』「顔淵」

안연이 인에 대해 물었다.

공자가 말하였다.

"개인의 욕망을 이기고 사회 규범을 지켜내는 것이 인을 실천하는 길이다. 그러므로 하루라도 사사로운 욕심을 이기고 공동체를 유지하는 가치를 회복하면, 세상 사람들이 인으로 돌아간다. 인을 실천하는 일은 나로부터 말미암는다. 다른 사람에게서 말미암는 것이겠는가!"

안연이 다시 물었다.

"그 구체적인 내용은 어떤 것이 있습니까?"

공자가 말하였다.

"도리가 아니면 보지 말며, 도리가 아니면 듣지 말며, 도리가 아니면 말하지 말며, 도리가 아니면 움직이지 말라!"

안연이 말하였다.

"제가 재빠르게 행동하지는 못하지만, 이 말을 명심하겠습니다."

〈思過半矣〉

知者, 觀其象辭, 則思過半矣. - 『周易』「繫辭」(下)

지혜로운 사람은 '단사(象辭)'만 보아도, 그 괘(卦)가 어떤 의미를 지니고 있는지 절반의 뜻을 파악할 수 있다.

5-4

지속적으로 반복·강조된다. 학문에 들어선다는 것! 교육이라는 것! 이 무엇인가? 『베이컨』은 「에세이」에서 '학문'에 대해 진지하게 말한다.

학문은 어디에 도움이 되는가? '기쁨'과 '장식', 또는 '능력'의 차원에서이다. '기쁨'의 측면에서 보면, 학문의 주된 효능은 '자기만의 생활'이라는 것이다. '장식'을 위한 것으로는 '담화'가 있다. 그리고 '능력'을 위해서는 사무의 '판단력과 처리'가 있다. 경험을 쌓은 사람들은, 일을 하나하나 완수하여, 자세한 목록을 판단할 수 있다. 그러나 일반적 충고라든가 사무의 궁리와 처리는, 지식 있는 사람들에게서 나온 것이 가장 좋다.

학문에만 너무 많은 시간을 들이는 것은, 또 다른 의미의 태만(怠

慢)이다. 장식을 위해 학문을 지나치게 이용하는 것은 우쭐대는 행위
일 뿐이다. 그 규칙만으로 판단하는 것은 학문으로만 재단하는 자의
변덕이다. 학문은 천성을 완전하게 만들고, 그것은 경험을 통해 더욱
성숙해진다. 천성의 능력은 천연의 식물 같은 것으로, 학문에 의해 정
리될 필요가 있다. 학문 그 자체는 너무 모호하게 지시하기에, 경험을
통해 간추려져야 한다.

기술을 가진 사람들은 학문을 경멸한다. 단순한 사람들은 그것을
공경하고, 현명한 사람들은 그것을 이용한다. 왜냐하면 학문은 그 자
체로 이용 방법을 가르쳐 주는 것은 아니기 때문이다. 그것은 그 바깥
에 있고, 그 위에 있으며, 관찰을 통해 얻어지는 예지(叡智)이다.

이런 학문의 성격이나 방법이 아래에서 구체적으로 나열된다.
『논어』를 비롯한 여러 경전의 핵심을 인용하여 나열하였다. 이 또한
더 이상 설명할 필요도 없이, 선명하다.

㉮ 爲學, 在於日用行事之間. 若於平居, 居處恭, 執事敬, 與人忠, 則是
名爲學.

학문을 하는 일! 그것은 일상생활에서 일을 하는 가운데 자리한다. 보
통 거처할 때, 즉 평소에, 행동이 공경스럽고, 일을 할 때 공손하며,
사람과 교제할 때 충실하다면, 이것이 바로 학문을 제대로 한다고 말
할 수 있다.

〈居處恭, 執事敬, 與人忠.〉
樊遲問仁. 子曰, 居處恭, 執事敬, 與人忠. 雖之夷狄, 不可棄也. -
『論語』「子路」

번지가 '인'에 대해 물었다.

공자가 말하였다.

"평소에 공손하게 행동하고, 일을 맡았을 때 신중히 처리하고, 사람들과 더불어 할 때 충실해야 한다. 이는 아무리 형편없는 지역에 가더라도 버려서는 안 될 삶의 자세이다."

㉯ 讀書者, 欲明此理而已.

글을 읽는 것은, 이런 이치를 밝히려는 작업일 따름이다.

㉰ 衣服不可華侈, 禦寒而已. 飮食不可甘美, 救飢而已. 居處不可安泰, 不病而已. 惟是學問之功, 心術之正, 威儀之則, 則日勉勉而不可自足也.

의복은 화려하고 사치스러운 것을 입지 말고, 추위만 막을 수 있으면 그만이다. 음식은 달고 좋은 것을 고르지 말고, 배고픔을 면하면 그만이다. 거처는 편안하고 안락한 것을 구하지 말고, 병이 나지 않도록 하면 그만이다. 오직 학문에 힘쓰고, 마음을 바로 하며, 위엄 있고 엄숙한 법도를 날마다 힘쓰고 힘써, 스스로 만족하게 여기지 않으면 된다.

㉱ 克己工夫, 最切於日用. 所謂己者, 吾心所好, 不合天理之謂也. 必須檢察吾心, 好色乎, 好利乎, 好名譽乎, 好仕宦乎, 好安逸乎, 好宴樂乎, 好珍玩乎. 凡百所好, 若不合理, 則一切痛斷, 不留苗脈然後. 吾心所好, 始在於義理, 而無己可克矣.

개인적 욕심을 이겨내는 공부는 일상생활에서 가장 긴요한 일이다.

여기에서 개인적 욕심이라는 것은, 내 마음에 좋아하는 일들이 도리에 맞지 않음을 말한다. '현란한 것을 즐기려고 하지 않는가, 이익에 빠지지 않는가, 명예를 바라지 않는가, 관직을 탐내지 않는가, 편안함을 누리려고 하지 않는가, 잔치하고 노는 것을 좋아하지 않는가, 진기한 보배를 갖고 싶어 하지 않는가!' 등 여러 사안에 대해 반드시 내 마음을 단속하고 살펴야 한다. 온갖 좋아하는 것들이, 이치에 합당하지 않으면, 모조리 단번에 끊어 싹과 줄기를 남기지 말아야 한다. 이렇게 한 다음에야, 내 마음에 좋아하는 것이 비로소 올바른 도리에 맞게 되어, 이겨야 할 개인적 욕심이 없게 되리라.

㉮ 多言多慮, 最害心術. 無事, 則當靜坐存心. 接人, 則當澤言簡重. 時然後言, 則言不得不簡. 言簡者, 近道. 非先王之法服, 不敢服. 非先王之法言, 不敢道. 非先王之德行, 不敢行. 此, 當終身服膺者也.
말을 많이 하고 생각에 사로잡히는 것이, 마음에 가장 해로운 일이다. 일이 없을 때는, 조용히 앉아 마음을 보존해야 한다. 사람을 마주할 때는 말을 가려 간단하고 신중하게 한다. 말할 때가 된 다음에는 말을 간단하게 해야 한다. 말이 간단하면, 변명 없이 합당한 도리에 가깝게 된다. 선왕의 모범적 의복이 아니면 감히 입지 않는다. 선왕의 모범적 말이 아니면 감히 말하지 않는다. 선왕의 덕행이 아니면 감히 행하지 않는다. 이는 몸이 다하도록, 죽을 때까지 가슴에 담아두어야 한다.

〈時然後言〉
子問公叔文子於公明賈曰, 信乎? 夫子, 不言, 不笑, 不取乎! 公明賈對曰, 以告者, 過也. 夫子, 時然後言, 人不厭其言. 樂然後笑, 人不厭其笑. 義然後取, 人不厭其取. 子曰, 其然? 豈其然乎! -『論語』「憲問」

공자가 공명고에게 공숙문자에 대해 물었다.

"사실입니까? 공숙문자는 말도 하지 않고, 웃지도 않고, 재물을 취하지도 않는다고 하는군요!"

공명고가 대답했다.

"말을 전한 사람이 과장한 것입니다. 공숙문자는 말할 때가 된 뒤에야 말하기 때문에, 사람들이 그가 말하는 것을 싫어하지 않습니다. 즐거운 뒤에야 웃기 때문에 사람들이 그가 웃는 것을 싫어하지 않습니다. 도리에 맞은 뒤에야 재물을 취하기 때문에 사람들이 그가 취하는 것을 싫어하지 않습니다. 그것뿐입니다."

공자가 말하였다.

"아, 그렇습니까? 어찌 그럴 수 있겠습니까!"

〈非先王之法服~不敢行〉

非先王之法服, 不敢服. 非先王之法言, 不敢道. 非先王之德行, 不敢行. 是故, 非法不言, 非道不行. 口無擇言, 身無擇行. 言滿天下, 無口過, 行滿天下, 無怨惡. 三者備矣然後, 能守其宗廟. 蓋卿大夫之孝也. -『孝經』「經」(一章)

선왕의 법도에 맞는 옷이 아니면, 감히 입지 않는다. 선왕의 법도에 맞는 말이 아니면, 감히 말하지 않는다. 선왕의 덕행이 아니면 감히 행하지 않는다. 이 때문에, 법도가 아니면 말하지 않고, 도리가 아니면 행하지 않는다.

입에는 가릴만한 말이 없고, 몸에는 가릴만한 행실이 없다. 말이 세상에 가득 차더라도 말로 인한 과실이 없고, 행동이 세상에 가득 차

더라도 원망이나 미움을 받는 일이 없다. 이 세 가지가 갖추어진 뒤에
야 종묘를 지킬 수 있다.

이것이 경·대부의 효이다.

〈服膺〉

子曰, 回之爲人也, 擇乎中庸, 得一善, 則拳拳服膺, 而弗失之矣. -
『中庸』(八章)

공자가 말하였다.

"안회의 사람됨은 중용을 가려, 한 가지 착한 일을 얻으면, 그것을
받들고 가슴속에 지녀서, 잃어버리지 않는다!"

㉺ 爲學者, 一味向道. 不可爲外物所勝, 外物之不正者, 當一切不留於
心. 鄕人會處, 若設博奕樗蒲等戱, 則當不寓目, 逡巡引退, 若遇倡妓作
歌舞, 則必須避去. 如値鄕中大會, 或尊長强留, 不能避退, 則雖在座,
而整容淸心, 不可使奸聲亂色, 有干於我.

학문하는 사람은, 마음을 한결같이 하여 올바른 도리를 향해 뚜벅뚜
벅 나아간다. 바깥 사물에 유혹당해 이끌려 가지 않도록 하라! 정당하
지 않은 바깥의 존재들은 일체 마음에 두지 말라! 마을 사람들이 모인
자리에서, 바둑이나 장기, 또는 저포판 같은 놀이가 펼쳐졌으면, 눈으
로 거들떠보지도 말고, 못 본 체 돌아서야 한다. 창기들이 노래 부르
고 춤추는 것을 만나면, 반드시 피해 가야 한다. 마을의 큰 회의를 연
자리에서 어른이 억지로 머물러 있게 하여 피할 수가 없으면, 그 자리
에 있기는 하지만, 용모를 정돈하고 마음을 맑게 가져, 그들의 간사스
러운 소리나 음란한 유혹이 나에게 침범하지 않도록 한다.

㉔ 當宴飮酒, 不可沈醉, 浹洽而止可也. 凡飮食當適中, 不可快意有傷乎氣. 言笑當簡重, 不可喧譁以過其節. 動止當安詳, 不可粗率以失其儀.

잔치를 하는 자리에서는 술을 마시더라도 몹시 취하지는 말고, 술기운이 두루 미치면, 그만 마시고 일어나야 한다. 음식은 알맞게 먹어야 하고, 마음에 들 때까지 너무 배부르게 먹어, 기운을 상하게 해서는 안 된다. 말하고 웃는 것은 간결하고 신중하게 하고, 시끄럽게 떠들어 예의에 어긋나지 않도록 해야 한다. 행동거지는 침착하고 조용히 하고, 지나치게 거칠고 경솔하게 하여 예의를 잃어서는 안 된다.

㉕ 有事, 則以理應事. 讀書, 則以誠窮理. 除二者外, 靜坐收斂此心, 使寂寂無紛起之念, 惺惺無昏昧之失, 可也. 所謂敬以直內者, 如此.

어떤 일이 있으면, 이치를 따져서 일에 응하라! 글을 읽을 때는 정성껏 그 이치를 궁리하라! 이 두 가지 일을 제외하고는, 조용히 앉아서 마음을 단속하여 거두고, 차분하게 하여 어지럽게 일어나는 마음이 없게 하며, 마음을 맑게 가져 어리석은 실수를 저지르지 않아야 한다. 이른바 '공경하여 내면에 있는 마음을 바르게 한다!'라는 말이 바로 이것이다.

〈敬以直內〉

君子, 敬以直內, 義以方外. 敬義立而德孤. - 『周易』「坤卦·文言傳」

교육받은 사람〔군자〕은 '경(敬)'으로써 내면을 곧게 하고, '의(義)'로써 외면을 반듯하게 만든다. 경과 의가 확립되면, 덕이 외롭지 않다.

㉯ 當正身心, 表裏如一, 處幽如顯, 處獨如衆, 使此心如靑天白日, 人得
而見之. 常以行一不義, 殺一不辜而得天下, 不爲底意思, 存諸胸中.
몸과 마음을 바르게 하여, 겉과 속이 한결같아, 보이지 않는 곳에 있
어도 보이는 것처럼 하며, 혼자 있어도 여러 사람이 함께하는 것처럼,
이 마음이 맑은 하늘과 밝은 태양을 사람들이 바라보는 것처럼 해야
한다. 늘 하나의 정의롭지 않은 일을 행하고, 한 사람의 죄 없는 자를
죽여 세상을 얻는다고 해도, 이런 짓을 하지 않겠다는 마음을 가슴에
품어야 한다.

〈行一不義, 殺一不辜而得天下, 不爲.〉
得百里之地而君之, 皆能以朝諸侯, 有天下. 行一不義, 殺一不辜, 而
得天下, 皆不爲也. 是則同. -『孟子』「公孫丑」(上)
100리의 영토를 얻어 그곳을 다스리게 되면, 모든 제후의 조회
를 받고 세상을 다스릴 수 있다. 그러나 하나라도 정의롭지 못한 일을
행하고, 한 사람이라도 죄 없는 사람을 죽여, 세상을 얻었다 하더라도,
그런 일은 모두 하지 않을 것이다. 이는 같은 상황이다.

㉰ 居敬以立其本, 窮理以明乎善, 力行以踐其實, 三者, 終身事業也. 思
無邪, 母不敬, 只此二句, 一生受用不盡, 當揭諸壁上, 須臾不可忘也.
每日頻自點檢, 心不存乎, 學不進乎, 行不力乎, 有則改之, 無則加勉,
孜孜母怠, 斃而後已.
'공경하는 것으로 근본을 세우고, 이치를 캐물어 선을 밝히며, 힘써
행하여 진실을 실천하라!'는, 이 세 가지 일은 죽을 때까지 해야 할 사
업이다. '생각에 간사함이 없고, 공경하지 않음이 없다!'라는, 이 두 구

절은 평생토록 아끼고 써도 없어지지 않는 것이다. 그런 만큼, 잘 보이는 벽에 써 붙이고, 잠시라도 잊지 말아야 한다. 날마다 '마음을 보존하였는가, 학문에 진전이 있는가, 행동하기에 힘썼는가?'를 점검하여, 실천이 미진하면 고치고, 특별한 잘못이 없으면 더욱 힘써 부지런히 하고 게으르지 말아, 죽은 다음에야 끝나리라.

〈思無邪〉

有驈有魚, 以車祛祛. 思無邪, 思馬斯 . -『詩經』「魯頌·駉」

정강이가 흰말도 있고 두 눈이 흰말도 있으니, 수레에 맨 것이 건장하고 또 건장하다. 생각에 사악함이 없으니, 말을 생각하면 말이 가는구나!

子曰, 詩三百, 一言以蔽之, 思無邪! -『論語』「爲政」

공자가 말하였다.

"『시경』의 시 300편을 한 마디로 덮어 말하면, '생각에 사악함이 없다!'라고 할 수 있다."

〈毋不敬〉

毋不敬, 儼若思, 安定辭, 安民哉! -『禮記』「曲禮」(上)

공경하지 아니함이 없으며, 엄숙히 생각하듯이 하며, 말을 차분하게 조심해서 하며, 사람들을 편안하게 한다.

〈有則改之, 無則加勉.〉

曾子以三者, 日省其身, 有則改之, 無則加勉, 其自治誠切如此, 可謂得, 爲學之本矣. -『論語』「學而」

　증자는 이 세 가지를 가지고, 날마다 자신을 반성하였다. 잘못이 있으면 고치고, 없으면 더 노력하여, 스스로 다스림에 진실하고 절실함이 이와 같았다. 이런 점에서 학문하는 근본을 터득했다고 할 만하다.

〈斃而後已〉

　曾子曰, 士不可以不弘毅. 任重而道遠. 仁以爲己任, 不亦重乎? 死而後已, 不亦遠乎? -『論語』「泰伯」

　증자가 말하였다.

　"'사(士)' 계급에 해당하는 하급 관리의 책무가 관대하고 굳세지 않아서는 안 된다. 짐은 무겁고 갈 길은 멀기 때문이다. 인을 자신의 짐으로 생각하니, 또한 무겁지 아니한가? 죽은 다음에야 임무를 그만두니, 또한 멀지 아니한가?

　여기에서 '폐(斃)'는 죽음을 의미하는 '사(死)'와 같다.

6. 독서(讀書) - 글을 읽는 이유와 방식을 고민하라

6-1

글을 다루는 능력은 교육의 핵심 가운데 핵심이다. 그것은 한 마디로 '독서'라 할 수 있다. 인공지능(人工知能: AI)이 시대를 선도하는 지금, 독서는 어떤 의미일까? 특히, 종이로 만든 책이, 각종 전자책이나 유튜브(YouTube)를 비롯한 여러 미디어의 영향 아래, 전통적 기능을 상실하고 있는 시대에, 독서는 무엇인가? 과연, 교육적 기능이 있을까?

과거의 종이책은 정보의 보고였고, 지식 자체였다. 영국의 낭만 시인인 워즈워스(William Wordsworth, 1770~1850)는 말했다. '책은 하나 하나가 우주이고 세계이다!' 그의 자전적 서사시인 『서곡(The Prelude)』의 표현이 놀랍다.

우리가 알다시피, 책은 실체적 세계이고, 순수하고 선한 것이다!

Books, we know, are a substantial world, both pure and good!

워즈워스는 책을 우주적 차원으로 끌어올린다. 책은 단순하게 종이와 잉크의 결합이 아니다. 흰 종이 위에 검은 글씨나 형형색색의 그림을 그려 놓은 것이 아니다. 그럼 뭐냐?

책 속에는 무한한 사유와 감정, 그리고 또 여러 가지 세계가 담겨 있다. 그것은 작가의 영혼이 하나하나 새겨진, 우주 자연과 인간 사회를 수놓은 거대한 세상이다. 우주 자연과 인간 사회! 그 바다의 끝을 알 수 없듯이, 한 권의 책은 저자가 깔아놓은 주단(紬緞) 위에 독자의 상상력이 결합하면서, 끝없이 새로운 세계를 빚어낸다. 무한한 확장성을 가질 수 있는 보물 창고이다. 현재도 끊임없이, 주석이나 해설, 논문 등으로 다시 탄생하는 저 확장성의 바탕은 책이다.

책 속에는 박제된 세계가 아니라, 독자가 책을 펼치는 순간, 다시 살아 움직이는 우주가 탄생한다. 그러기에 책은 단순히 지식 전달의 도구가 아니다. 인간이 발 딛고 살아가는 세상은 물론, 그것을 넘어서는 실제이고 가치를 배가하는 힘이다.

이런 점에서, 정보가 넘쳐나는 디지털(Digital) 시대에, 책의 의미를 다시 정립하는 것은 어떨까? 워즈워스의 말을 빌려, '책이 하나의 우주'라면, '우주가 하나의 책' 아닌가! 인공지능도 유튜브도 인터넷상의 모든 정보도, 책으로 환원하면, 다시, 색다른 의미가 살아나지 않을까? 그래서 과거의 종이책을 읽듯이, 이 모든 디지털 데이터, 아니, 엄선한 각종 정보 지식을, 책처럼 읽어 버리자! 하지만, 막무가내로 독서에 임해서는 곤란하다. 톨스토이가 『인생론』에서 소로(Henry David Thoreau, 1817~1862)의 언표를 정돈한 짧은 말을 되새겨야 한다.

무엇보다 먼저, 좋은 책부터 읽어라!
그렇지 않으면, 결국 평생, 그 책을 읽을 기회를 놓치게 되리라.

유학의 독서법에 관한 의미 있는 견해가 있다. 어쩌면 율곡이「독서」장을 마련하는데 원류가 되는 이론이다. 『주자어류』「독서법」(하)의 언급이다. 그 1조목에서 3조목에 다음과 같이 기록되어 있다.

〈제1조목〉

人之爲學, 固是欲得之於心, 體之於身. 但不讀書, 則不知心之所得者何事!

사람이 배움에 나서 교육하는 것은, 본래 의미가 마음에서 깨닫고 몸에 배도록 하려는 일이다. 그러나 글을 읽지 않으면, 마음에서 깨닫는 것이 무엇인지 알지 못한다!

〈제2조목〉

讀書窮理, 當體之於身. 凡平日所講貫窮究者, 不知逐日常見得在心目間否. 不然, 則隨文逐義, **趕趁**期限, 不見悅處, 恐終無益.

글을 읽어 이치를 캐내는 경우, 마땅히 그것을 몸에 체득해야 한다. 평소에 연구하여 꿰뚫어 본 내용에 대해, 일상에서 마음으로 깨닫고 있는가? 그렇지 않다면, 단순하게 문맥을 따라 의미를 좇아가게 되고, 정해진 시간에 쫓겨 독서의 기쁨을 맛보지 못한다. 그런 독서는 끝내 아무런 도움도 되지 않으리라.

〈제3조목〉

人常讀書, 庶幾可以管攝此心, 使之常存. 橫渠有言, 書所以維持此心. 一時放下, 則一時德性有懈. 其何可廢!

사람이, 늘, 글을 읽으면, 자기의 마음을 관리하고 추스르는 데 큰 도움이 될 것이다.

장재(張載, 1020~1077)가 말했다.

글은 자기의 마음을 유지해 준다. 하지만 한순간이라도 내려놓으면, 그 순간, 덕성에 나태함이 생긴다. 그렇게 엄중한 일인데, 어떻게 글 읽기를 그만둘 수 있겠는가!

미국의 사상가 '소로'의 언표도 그렇고, 『주자어류』에 기록한 중국 사상가들의 견해도 그러하고, 정말 독서의 중요성을 지적한 탁월한 의견이다.

그리고 또 하나의 의미 있는 사유가 있다. 100년도 훌쩍 지난 시간이지만, 헤세(Hermann Hesse, 1877~1962)는 「독서에 대하여」에서 상당히 의미 있는 견해를 제시한다. 율곡이 『격몽요결』에서 「독서」장을 설정하여, 조선 유학에 근거한 교육을 도모한 것과는 내용이나 방법에서 다를 수 있을지라도, 인간 사회 또는 인생 교육, 그 삶의 여정을 고민하는 사유라는 점에서 상당한 보편성을 보여 준다. 차근차근 음미해 본다.

대부분의 사람이 독서를 제대로 이해하지 못하고 있다. 왜 책을 읽는지조차 정확히 모른다. 어떤 사람들은 이렇게 생각한다. '독서란, 교양을 쌓기 위해, 힘든 과정이지만 할 수 없이 걸어야 하는 길이다!' 그런 전제 아래, 잡다한 독서를 통해 상당한 교양을 쌓는다. 또 어떤 사람들은 '독서란 그저 시간을 죽이기 위한 가벼운 소일거리'라고 생각하며, 무슨 책을 읽든지 간에, 지루하지만 않으면 된다고 한다.

'교양을 쌓는다'라는 명목으로 독서하는 사람들! 그들은 자신에게 부족한 부분에 대해, 초조해하며 책을 읽으리라. 이 사실 자체가 교양을 외부로부터 끌어들여 와야 하는 것 아닌가! 이는 교양을, 노력하여 습득해야 할 어떤 것으로 본다는 말이다. 그러나 아무리 열심히 책을 읽은들 무엇하겠는가? 그렇게 얻은 교양은 생명력이 없다. 어떤 결실도 가져오지 못할 가능성이 크다. 그런데 '시간 죽이기용 독서'에 대해 무슨 말을 할 수 있을까?

사람들은 활자화를 거친 책, 그 세계에 대해 상반된 의견을 펼친다. 어떤 이는 책의 좋고 나쁨을 따지지 않고, 무조건 고상한 것으로 여긴다. 또 어떤 이는 말한다. '책이라는 건, 어차피 뜬구름 잡는 사람들이 지어낸 비현실적인 세계이다. 그저 한두 시간 재미있게 때울 심심풀이일 뿐이다!' 이 고상함과 경멸함의 사이에서 무엇을 읽어내야 할까? 무엇이 보이는가!

이처럼 책을 '과대' 또는 '과소' 평가하면서도, 사람들은 상당수의 책을 읽는다. 전혀 감동이 없는 데도, 다른 일에 비해 시간과 노력을 지나치게 투자한다. 책 속에는 분명, '가치 있는 무엇이 감춰져 있다'라고 어렴풋하게나마 느끼고 있기 때문이다. 하지만, 상당수의 인간은 읽은 책이나 읽고 있는 책에 대해, 뚜렷한 자기주장 없이, 수동적으로 어영부영한다. 시간 때우기식 기분 전환을 원하건, 교양을 중시하건, 그들은 활력과 정신적 고양을 주는, 뭔가 숨겨진 힘이, '책에 있다!'라고 짐작한다. 문제는 그것이 무엇인지를 제대로 알거나 평가할 줄은 모른다는 사실이다.

이 지점에서 독서에 대해 진지하게 생각해 본다. 책을 읽는 것은 좋다. 그런데 아무 책이나 닥치는 대로 마구 읽어대는 남독(濫讀)은 결코 책에 영예를 부여하는 것이 아니다. 어쩌면 부당한 대접이다. 책은 무책임한 인간을 더 무책임하게 만들려고 존재하지는 않는다. 삶에

무능한 사람에게 대리만족으로서, 허위의 삶을 헐값에 제공해 주기 위해, 출간되는 것은 더욱 아니다. 그와 정반대이다.

> 책은 오직, 삶을 이끌어주고, 삶에 이바지하고, 소용이 있을 때, 가치가 있다!
> A book has value only when it leads us to life, when it serves life and is useful to it!
> Books are only valuable when they guide our lives, contribute to them, and serve a practical purpose!

독자들에게 불꽃 같은 에너지와 젊음을 맛보게 해주지 못하고, 신선한 활력의 입김을 불어 넣지 못한다면, 독서에 바친 시간은 모두 허탕이다. 얼핏 보기에도, 독서는 정신 집중이 필요한 작업이다. 그런데 정신을 '풀어놓으려고' 책을 읽는다는 건, 무언가 잘못되었다는 느낌이다. 정서적으로 건강한 사람이라면, 정신을 분산시킬 게 아니라, 오히려 집중해야 한다. 언제 어디서 무슨 일을 하건, 무엇을 생각하고 느끼건 간에, '온 힘을 기울여야 마땅하다!'

더구나 좋은 책은 언제나 복잡다단한 현상들의 단순화, '응축(凝縮)'과 '함축(含蓄)'을 표현하고 있다. 아무리 짧은 시(詩) 한 편에도 인간의 감정이 집약된 형태로 담겨 있다. 주의를 집중하여, 이 감정들에 적극적으로 몸을 맡기고, 함께 겪으려는 뜻이 없다면, 그는 '불량독자(不良讀者)'이다. 잘못된 독서는 무엇보다도 자신에게 부당하다! 무가치한 일로 시간을 허비하고, 자신에게 거의 중요하지도 않은 것을, 왜? 읽고 있는가! 금방 잊어버릴 게 뻔한 일인데, 시력과 정신력을 소모하며, 일체 도움도 안 되고, 소화해 내지도 못할 온갖 글들을 가지고, 뇌를 혹사(酷使)하는가?

이런 잘못된 독서가, 모두, 신문을 비롯한 미디어의 탓이라고 말하는 사람들도 있다. 천만의 말씀이다. 신문이나 다른 온갖 잡다한 글을 매일 읽더라도, 온전히 집중된 상태로 즐겁게 독서할 수 있다. 어쩌면 새로운 정보들을 선택하고, 신속하게 조합해 내는, 건전하고 중요한 훈련으로 삼을 수도 있다. 반면, 아무리 '불가항력적 이끌림'이라 할지라도, 그것이 교양 때문이건, 시간 때우기식 심심풀이로 읽는 사람이건, 완전히 맹탕으로 독서에 임할 수가 있다.

인생은 짧다! 저세상에 갔을 때 책을 몇 권이나 읽고 왔느냐고 묻지도 않는다. 그런데 무가치한 독서로 시간을 허비한다면, 미련하고 안타까운 일 아닌가? 이 지점에서 강조하고 싶은 것은 '책의 수준(水準)'이 아니라 '독서의 질(質)'이다.

삶의 한 걸음, 한 호흡마다 그러하듯, 인간은 독서에서 무언가 기대하는 바가 있어야 한다. 더 풍성한 힘을 얻으려고 온 힘을 기울이고, 의식적으로 자신을 재발견하기 위해, 스스로 버리고 몰두할 줄 알아야 한다.

한 권 한 권 책을 읽어 나가면서, 기쁨이나 위로, 또는 마음의 평안함이나 힘을 얻지 못한다면, 아무리 많은 책을 읽고 줄줄 꿰고 있다고 한들 무슨 소용이 있겠는가? 아무 생각 없이, 산만한 정신으로 책을 읽는 건, 눈을 감은 채 아름다운 풍경 속을 거니는 것과 다를 바 없다.

인간은 자신과 일상을 잊으려고 책을 읽어서도 안 된다. 이와 반대로, 더 의식적으로 더 성숙하게, 자신의 삶을 단단히 부여잡기 위해,

책을 읽어야 한다. 독서의 세계로 들어설 때는, 겁에 질린 학생이 호랑이 선생님께 불려 가듯이, 백수건달이 술병을 잡듯이 해서는 안 된다. 알프스를 오르는 산악인이 등산 장비를 챙기고, 전쟁터에 나가는 군인이 병기고(兵器庫) 안으로 들어설 때의 마음가짐을 가져야 하리라. 살아갈 의지를 상실한 도망자가 아니라, 굳은 의지를 품고 친구와 조력자들에게 나아가듯이 말이다. 이런 마음가짐으로 독서에 임할 수 있다면, 지금 읽는 분량의 1/10만 읽는다고 해도, 열 배는 더 행복하고 마음이 풍족해지리라.

이제 무엇을 어떻게 읽을까? 정말 독서가 문제이다! 아래에서 율곡의 지침을 현대적으로 재해석하여 잘 새겨보라. 베이컨은 그의 『에세이』에서 말했다.

독서는 어떤 사안을 반대하거나 반박하기 위한 것이어서는 안 된다. 믿거나 속단하기 위한 것이어서도 안 된다. 이야기나 담론의 씨를 발견하기 위한 것이어서도 안 된다.
인간의, 삶의, 일상의 무게를 고려하기 위한 것이어야 한다!
It must be something that considers the weight of human beings, life, and daily existence!

책 가운데는 음미하기 위한 것도 있고, 이해하기 위한 것도 있다. 씹어서 소화하기 위한 것도 있다. 다시 말하면, 책 가운데는 그저 특정 부분을 읽어야 할 때도 있다. 읽되, 깊게 주의하지 않아도 되는 내용도 있다. 또 소수지만, 전체를 읽고, 알뜰하게 주의를 기울여 읽어야 하는 영역도 있다. 또한, 남에게 대신 읽게 하고, 그 내용을 발췌해도 되는 것이 있다. 그러나 그런 것은 비교적 중요하지 않은 내용인 경우이다.
비교적 비천한 종류의 책일 때 할 일이다.

진정으로 교육에 임하는 자는 무슨 책을, 어떻게 읽어야 하는가?
율곡의 교육, 그 배움을 위한, 독서에 대한 시각은, 삶의 가치를 더욱
돋보이게 만든다.

學者, 常存此心. 不被事物所勝, 而必須窮理明善. 然後, 當行之道, 曉
然在前, 可以進步. 故入道, 莫先於窮理. 窮理, 莫先乎讀書. 以聖賢用
心之迹, 及善惡之可效可戒者, 皆在於書故也.

배움에 임하는 사람은, 언제나 자신의 마음을 보존하라. 그리하여 외
부의 사물에 끌려가지 않고, 반드시 세상의 이치를 탐구하여, 무엇이
올바른지를 밝혀라. 그런 다음에야, 일상에서 행할 도리가 명확하게
보이고, 삶의 진보를 이룰 수가 있다.

인간 사회의 도리를 파악하는 작업은, 삶의 이치를 연구하는 일보다
먼저 할 것이 없다. 이치를 연구하는 일은 독서보다 우선할 것이 없다.
'글을 읽어야' 한다!

인류의 성현들이 그 마음을 쓴 자취와 선과 악을 본받고 경계해야 할
사안들이, 모두 글 속에 담겨 있기 때문이다.

6-2

㉠ 凡讀書者, 必端拱危坐, 敬對方冊, 專心致志, 精思涵泳. 涵泳者, 熟
讀深思之謂. 深解義趣, 而每句, 必求踐履之方. 若口讀而心不體, 身不
行, 則書自書, 我自我, 何益之有?

글을 읽는 사람은, 반드시 단정하게 손을 모으고 무릎을 꿇고 앉아, 공경하게 책을 마주하고, 전심으로 뜻을 다하며, 자세히 생각하고 푹 젖어 들어야 한다. '푹 젖어 든다는 것'은, 자세히 읽고 깊이 생각함을 말한다. 깊이 그 뜻을 이해하고 맛을 보며, 구절마다 실천할 방법을 찾아야 한다. 입으로만 글을 읽어 마음에 체득하지 못하고, 몸으로 실행하지 않는다면, 책은 책이고 나는 나일 뿐, 무슨 유익함이 있겠는가?

㉯ 先讀小學, 於事親ㆍ敬兄ㆍ忠君ㆍ弟長ㆍ隆師ㆍ親友之道, 一一詳玩而力行之. 次讀大學及或問, 於窮理ㆍ正心ㆍ修己ㆍ治人之道, 一一眞知而實踐之. 次讀論語, 於求仁爲己, 涵養本原之功, 一一精思而深體之. 次讀孟子, 於明辨義利, 遏人慾存天理之說, 一一明察而擴充之. 次讀中庸, 於性情之德, 推致之功, 位育之妙, 一一玩索而有得焉. 次讀詩經, 於性情之邪正, 善惡之褒戒, 一一潛釋, 感發而懲創之. 次讀禮經, 於天理之節文, 儀則之度數, 一一講究而有立焉. 次讀書經, 於二帝三王治天下之大經大法, 一一領要而遡本焉. 次讀易經, 於吉凶ㆍ存亡ㆍ進退ㆍ消長之幾, 一一觀玩而窮研焉. 次讀春秋, 於聖人賞善罰惡, 抑揚操縱之微辭奧義, 一一精研而契悟焉.

먼저『소학』을 읽어, 부모를 모시고, 형을 공경하며, 지도자에게 충실하고, 어른을 공경하며, 스승을 높이고, 벗을 친밀히 하는 도리에 대해, 하나하나 자세히 익혀 힘써 실천해야 한다.

다음으로『대학』과『대학혹문』을 읽어, 인간 사회의 이치를 캐묻고, 마음을 바르게 하고, 자기 몸을 닦고, 사람을 다스리는 도리에 대해, 하나하나 제대로 알아서 성실히 실천해야 한다.

다음으로『논어』를 읽어, 사람을 사랑하는 열린 마음으로 자신을 위한 학문에 임하고, 이 세상의 근본 법칙을 살피는 공부에 대해, 하나하나 자세히 생각하고 깊이 체득해야 한다.

다음으로 『맹자』를 읽어, 의리와 이익을 밝게 분별하고, 개인의 욕망을 막고 공통의 도리를 지키는 말에 대해, 하나하나 밝게 살펴서 확충해야 한다.

다음으로 『중용』을 읽어, 인간의 본성과 정서의 덕과 미루어 지극히 하는 공부, 그리고 우주 자연이 제 자리를 얻고 모든 존재가 나서 자라는 미묘한 이치에 대해, 하나하나 그 뜻을 깊이 탐색하여 터득해야 한다.

다음으로 『시경』을 읽어, 본성과 감정의 간사하고 바름과 선을 칭찬하고 악을 징계함에 대해, 하나하나 깊이 생각하여 선한 마음이 느껴져 펼쳐 나오도록 하고 악한 마음을 징계해야 한다.

다음으로 『예기』를 읽어, 보편적 이치의 규정과 사람이 행해야 할 예의 · 법칙 · 제도에 대해, 하나하나 공부하여 확립해야 한다.

다음으로 『서경』을 읽어, 요 · 순 임금과 우 · 탕 · 문무 임금이 세상을 평화롭게 다스린 큰 원리에 대해, 하나하나 그 요령을 알아 근본을 거슬러 올라가야 한다.

다음으로 『역경』을 읽어, 좋고 나쁜 상황, 보존되고 멸망하는 것, 나아가고 물러나는 일, 사라지고 자라나는 사안의 기미에 대해, 하나하나 관찰하여 깊이 연구해야 한다.

마지막으로 『춘추』를 읽어, 성인이 선한 행동에는 상을 주고 악한 행동에는 벌을 주며, 억누르거나 북돋아 주고, 잡기도 하고 풀어 놓기도 하는 숨겨진 말과 오묘한 뜻에 대해, 하나하나 자세히 연구하여 깨닫도록 해야 한다.

㉡ 五書五經, 循環熟讀, 理會不已, 使義理日明, 而宋之先正所著之書, 如近思錄·家禮·心經·二程全書·朱子大全·語類及他性理之說, 宜間間精讀, 使義理常常浸灌吾心, 無時間斷, 而餘力. 亦讀史書, 通古今, 達事變, 以長識見. 若異端雜類不正之書, 則不可頃刻披閱也.

위에서 설정한 '5서(『소학』『대학』『논어』『맹자』『중용』)'와 '5경(『시경』『서경』『역경』『예기』『춘추』)'을 돌려가며 익숙하도록 읽어, 깊이 이해하고, 그 뜻과 이치가 날로 밝아지게 하라.

그리고 송나라의 선현들이 지은 『근사록』, 『가례』, 『심경』, 『이정전서』, 『주자대전』, 『어류』나 기타 성리학 서적들을 틈틈이 정독하여, 그 뜻과 이치가 늘 내 마음에 젖어 들도록 하고, 언제나 공부가 끊어지지 않도록 하라. 또 남는 시간에 역사책을 읽어, 옛날과 지금의 시대 흐름을 꿰뚫어 보고, 사건의 변화가 어떤 의미인지를 깨달으며, 학식과 견문을 넓혀야 한다. 올바르지 않은 도리를 퍼트리는 '이단잡류' 책은 조금이라도 펼쳐 보아서는 안 된다.

㉢ 凡讀書, 必熟讀一册, 盡曉義趣, 貫通無疑. 然後, 乃改讀他書. 不可貪多務得, 忙迫涉獵也.

글을 읽을 때는 반드시 하나의 책을 익숙하게 될 때까지 읽고, 거기에 담긴 뜻을 깨달아 꿰뚫어 보아, 의심이 없게 하라. 그런 다음에, 다시, 다른 책을 읽어야 한다. 많이 읽는데 욕심을 내어 무언가 얻으려고 하거나 급하게 섭렵하려고 하지 말라!

'독서'에 관한 헤세의 마음과 율곡의 마음이 어떠한가? 같은가 다른가? 아니면 같기도 하고 다르기도 한가? 조금 더 깊이 있는 인식을 위해, 다시 헤세의 독서론으로 돌아가 본다.

독서에 세 가지 유형, 또는 단계가 있다. 그렇다고 그것이, 독자층을 세 등급으로 나누거나, 어떤 사람은 어느 단계에 또 어떤 사람은 다른 단계에 속한다는 그런 의미는 아니다. 그보다 각자가 어떤 때는 이쪽에, 또 어떤 때는 저쪽에 속한다는 얘기이다.

첫 번째, '순진한 독자'이다. 이런 유형은, 음식을 먹듯이 책을 대하는 독자이다. 배불리 먹고 마시듯 읽은 그대로 받아들인다. 인디언 이야기 책에 빠지는 소년이나 공주의 이야기를 담은 소설을 읽는 소녀, 또는 쇼펜하우어와 같은 철학자들의 저술을 탐닉하는 대학생 등이 모두 그러한 부류이다. 이들 독자는 책과 자신의 관계를 동등한 개체와 개체로 보지 않는다. 말과 여물통, 아니, 말과 마부의 관계처럼 여긴다. 책은 이끌고, 독자는 그 책을 따라간다! 책의 내용은 있는 그대로 수용되고, 객관적 실재로 받아들여진다. 저자의 파동(波動)을 함께 타고, 그의 세계관에 온전히 동화된다. 저자가 내용에 부여한 해석 일체를, 가감 없이 수용한다.

이런 순진한 독자는 책과의 관계에서, 독자적 개인, 또는 온전한 자기 자신을 찾을 수 없다. 이들에게 책이란, 충실하고 주의 깊게 읽으면서, 그 내용 또는 형식을 음미하라는 존재에 불과하다. 다른 목적은 없다. 빵은 먹으라고 있는 것이고, 침대는 잠자라고 있듯이 말이다. 순진한 독자는 그렇게 믿는다.

두 번째, '천진난만함과 탁월한 유희본능'을 보여 주는 독자이다. 이들은 '순진한 독자'와는 전혀 다른 입장이다. 책을 교양의 확보가 아니라 자신의 본성에 따라 읽는다. 이때 그는 바로 어린아이가 되어, 사물을 갖고 유희하기 시작한다. 빵을 산이라 하여 터널을 뚫을 수도 있고, 침대는 동굴도 되고 정원도 되고 설원(雪原)이 되기도 한다.

유희본능을 드러내는 독자는, 어떤 책이 지닌 중요하고 독특한 가치를 꼽을 때, 책의 소재나 형식 따위는 전혀 문제 삼지 않는다. 무엇이든, 다양한 의미를 드러낼 수 있다. 어떤 책을 읽는다면, 그는 저자가 여러 가지 해석과 평가를 설득력 있게 제시하려고 노력하는 모습을 관망하며, 미소 지을 줄 안다. 얼핏 보기에, 작가의 재량이나 자유롭게 펼쳐놓은 내용처럼 보이는 것들이, 실제로는 불가피한 필연이자 인위적으로 꾸민 장치임을 알아보는 눈이 있다.

이들은 저자가 소재를 좌지우지하는 게 아니라, 오히려 소재에 꼼짝없이 붙들린 모습을 확인하며, 재미있어한다. 미학적 가치는 별 의미가 없다. 소재에 붙들려 동요하는 저자와 그의 불안정성이야말로 무엇보다도 큰 매력과 가치를 지닌다.

유희본능의 독자는 마부를 따르는 말이 아니다. 사냥꾼이 짐승의 자취를 더듬듯 저자를 추적한다. 그러다 어느 순간, 저자가 자유롭게 펼쳐놓은 내용의 이면(裏面), 저자의 강박관념과 수동성을 들여다보게 될 때, 탁월한 기교와 세련된 언어예술이 보여 주는, 그 어떤 매력들보다도 훨씬 더 강한 마력에 빠진다.

세 번째, '훌륭한 독자와 정반대 모습'의 독자이다. '탁월한 유희본능을 보여 주는 독자'에서 한 걸음 더 나아간 유형이랄까? 이 지점에서 다시 강조한다. 사람들을 세 유형 가운데 어느 한 부류로 반드시 분류할 필요는 없다! 누구나 오늘은 두 번째 유형에, 내일은 세 번째 유형에 속했다가, 모레는 다시 첫 번째 유형에 속할 수도 있다.

'정반대 모습'의 독자는 너무나 개성적이고 자신에게 충실히 한다. 무엇을 읽건, 완전히 자유로운 태도로 대한다. 그가 책을 읽는 이유는, 교양을 쌓는 것도, 재미를 얻기 위한 것도 아니다. 책은 세상의 모든 대상과 마찬가지로, 하나의 출발점이자 실마리일 뿐이다. 무슨 책을 읽건, 근본적으로는 마찬가지이다. 저자의 생각이나 그의 눈을 빌려, 세상을 해석하기 위한 것이 아니다. 해석은 독자의 몫이다.

이런 독자는, 어떤 차원에서, 완전히 어린이와 같다. 그는 모든 것과 더불어 유희를 즐긴다. 어떤 관점에서 보면, 모든 것과 더불어 유희하는 작업이야말로, 더없이 생산적이고 창조적이다. 이들은 어떤 책에 나온 멋진 구절, 또는 지혜와 진실이 담긴 말을 보면, 시험 삼아 한 번쯤 뒤집어본다. 모든 진리는, 거꾸로 바라보는 것도 '진짜'임을, 이미 터득한 사람이다.

그는 알고 있다! 모든 정신적 입장이란 하나의 극치(極致)이다. 거기에는 등가(等價)의 반대 극치가 항상 존재한다! '연상(聯想)하는 사고'나 '상상력'의 발동을 인정해 준다는 점에서는 어린아이와 동일하다. 그러나 그것이 전부는 아니다. '상상력'과 '연상 능력'이 최고조에 이를 때, 인간은 종이 위에 인쇄된 글을 읽는 것이 아니다. 읽은 글을 타고 떠오르는 충동(衝動)과 영감(靈感)의 물결 속을 헤엄친다. 텍스트(text)에서 나오는, 어쩌면 활자(活字)로 찍힌 글의 모습을 통해서만 나올 수 있는, 그런 충동과 영감이다.

이것도 '독서'일 수 있는가? 어떤 책을 펼쳐놓고, 저자의 의도나 생각은 아랑곳없이, 마구 뒤섞인 철자의 나열이나 한 줄 광고를 대하듯이 읽어대는 것을, 과연 독서라 말할 수 있는가? 그런 독자들에게 수많은 글, 그 폭넓은 사유의 물결이 무슨 의미가 있겠는가?

세 번째 유형의 독자는 더 이상 독자가 아니다! 지속적으로 이 유형에만 머무는 사람이 있다면, 그는 아예 아무것도 읽지 않은 것이다.

왜냐? 그에게는 양탄자의 문양이나 담벼락 돌멩이들의 배치도 가지런히 정렬된 철자들로 가득한 멋진 책 한 쪽과 똑같이, 소중할 수 있기 때문이다. 그에게 알파벳 철자들로 채워진 종이 한 장은 다시없이 귀중한 책일 수도 있다. 그렇다. 이 세 번째 유형의 독자는, 정말 더 이상 독서하는 사람이 아니다. 그는 저명한 작가가 없어도 아쉬울 게 없다. 그런 저자가 꼭 필요하지도 않다. 한마디로 말해, 그는 더 이상 아무것도 읽지 않는다. 온 세계가 자기 내면에 들어와 있는데, 무엇 때문에 글을 읽겠는가? 계속 이 유형에 머물러 있는 사람이라면, 아마 아무것도 읽지 않으리라.

하지만, 지속적으로 이 단계에 머물러 있는 인간은 없다. 한편, 이런 유형을 전혀 모르는 사람도 있다. 이 또한 불충분하고 미숙한 독자이다. 그는 세상의 모든 문학과 철학이 자기 내면에도 들어 있음을, 그 어떤 위대한 시인 못지않게, 각자에게 창조의 원천이 하나씩 내재 되어 있음을 모르는 사람이다. 일생에 단 한 번이라도, 단 하루 단 한 시간이라도, 이런 유형을 경험한다면, 인간은 훨씬 훌륭한 독자가 될 수 있다. 글로 쓰인 모든 것을 좀 더 훌륭하게 해석할 수 있기 때문이다.

길가의 돌멩이 하나가, 위대한 작가 못지않게 중요한 의미로 다가오는 상황에, 한 번만이라도 머물러 보라. 그러고 나면, 위대한 작품에서, 그전과는 비교할 수 없이 무궁무진한 가치를, 풍성한 젖과 꿀을, 자신과 인생에 대한 큰 긍정을, 끌어낼 수 있으리라. 위대한 작가의 작품은 그들 자체가 아니다. 그것은 다만, 다양한 특성과 의미의 세계 한가운데서, 세상을 담아보려고 했던 작가들 나름의 시도이다. 하지만, 그것은 단 한 번도, 온전히 목표를 이루지 못했던, 미망(迷妄)의 기획들이다.

산책길에서, 자잘한 생각들이 꼬리를 물고 이어진다면, 딱 한 번만 글로 써보라! 아니면, 간밤에 꾸었던 짧은 꿈이라도 좋다. 꿈에서, 웬 남자가 지팡이를 들고, 처음에는 나를 위협하더니, 나중에는 훈장을 준다고 하자. 그 남자는 과연 누구였을까? 곰곰이 생각해 보니, 그 남자에게서 나의 친구, 또는 나의 아버지 모습이 보인다. 아니면, 그에게서 어딘지 모르게, 여성적 느낌, 뭐라고 콕 집어 말할 수는 없지만, 사랑했던 여인이나 누이를 떠올리게 하는 뭔가가 있다. 나를 위협하던 지팡이는, 옛날 초등학교 시절 첫 소풍에서 가지고 다니며 놀았던 지팡이를 연상시킨다. 그러자 갑자기 봇물 터지듯 수십 가지 기억이 밀려온다. 이 짧은 꿈의 내용을 붙들고, 글로 써내려 가면, 그저 중요한 몇몇 단어만 간추려 쓴다고 하더라도, 어느새, 책 한 권 아니 두 권, 아니 열 권이 될지도 모른다. 왜냐? 꿈이란 인간의 영혼을 들여다볼 수 있는 작은 구멍이며, 그 내용은 바로 세계이다. 거기에는 인간의 탄생에서 오늘에 이르기까지 온 세상이 들어 있다. 그리하여 그대가 이 꿈을 적어보려고 해도, 꿈을 둘러싼 온 세상을 모두 그려 보일 수 없듯이, 책은 저자가 말하려던 내용의 지극히 작은 일부분에 불과하다.

독자가 이 세 유형의 사이를 오고 가는 건 당연하다. 또 이는 누구에게나 어떤 영역에서나 있을 수 있는 일이다. 사이사이에 수많은 중간 과정이 있겠지만, 무엇을 대하건, 이 세 번째 유형에 있을 때, 독서하는 사람은 독자이기를 멈춘다. 문학도 역사도 철학도 예술도 해체된다. 오직 인간은 자신으로서 존재하게 되리라.

유교의 오서(五書) 오경(五經)은 어떤 독자를 찾아 나설까? 교육을 추동하는 강력한 힘! 조선의 유학 교육이 지향했던 '독서' 양식을 기억하며, 그 현대성을 그려보자.

7. 사친(事親) - 부모를 올바로 모시고 살다

7-1

'사친(事親)'은 '부모를 모시는 일'에 관한 의의를 정돈한 것이다. 조선시대에 부모를 마주하는 양식과 현대 사회의 그것은 상당히 다른 성격을 보인다. 군주정에서 민주정으로 전환한 정치 체제의 변화, 가문(家門) 의식에서 핵가족(核家族), 나아가 1인 가정에 이르기까지 가족 관계의 변화, '효(孝)' 문화의 의미 변화 등, 시대가 변화한 만큼 문화가 달라졌다.

이에, 이장은 별도의 해설을 첨가하지 않고, 원문과 의역을 제시한다. 율곡이 정돈한 조선의 시대정신을 음미하며, 각자의 실정을 고려하여, 현대적 의미를 찾아 나서기를 소망할 뿐이다. 몇몇 주요한 내용에 대해서는 그 출전을 밝혀 이해를 돕는다.

7-2

凡人, 莫不知親之當孝, 而孝者甚鮮, 由不深知父母之恩故也. 詩不云乎! 父兮生我, 母兮鞠我, 欲報之德, 昊天罔極. 人子之受生, 性命血肉,皆親所遺. 喘息呼吸, 氣脈相通, 此身, 非我私物, 乃父母之遺氣也. 故曰, 哀哀父母, 生我劬勞. 父母之恩, 爲如何哉! 豈敢自有其身, 以不盡孝於父母乎! 人能恒存此心, 則自有向親之誠矣.

세상 사람들 가운데, '부모에게 효도해야 한다!'라는, 그 당연한 윤리를 모르는 사람은 없으리라. 그런데 인간 사회에 효도하는 자가 아주 드물다. 그것은 부모의 은혜가 얼마나 깊고 높은지 제대로 알지 못하기 때문이다.

『시경』에 이르지 않았는가!

"아버지 날 낳으시고, 어머니 날 기르시니, 그 은덕을 갚으려 해도, 하늘 같아서 다함이 없도다."

자식이 생명을 받을 때, 본성과 목숨, 그리고 피와 살, 이 모두는 부모가 남겨준 것이다. 숨을 쉬어 호흡할 때, 기혈과 맥락을 통하게 낳아주었기에, 이 몸은 나의 사유물이 아니고, 부모께서 남겨주신 기운이다. 그러므로 『시경』에서 노래했다.

"슬프고 슬프다. 부모여! 나를 낳으시느라 수고하셨도다."

부모의 은혜가 어떠한가! 그런데 어찌 감히 제멋대로 그 몸을 소유하고, 부모에게 제대로 효도하지 않는단 말인가! 사람이 언제나 이렇게 성찰하는 마음을 둘 수 있다면, 자연스럽게 부모에게 정성을 다할 것이다.

위에서 노래한 『시경』의 원문은 부모를 끝까지 제대로 봉양하지 못한 자식이, 슬퍼하면서 읊은 노래이다. 주(周)나라 때 유왕(幽王)의 포악한 정치에 시달린 백성이, 부모를 모시지 못한 죄책감과 안타까움을 토로하였다. 부모와 자식 사이, 무엇이 사람의 마음을 흔드는가!

사람을 다스린다고 떠들어 대는 정치, 무엇이 인간 사회의 바른 도리
일까!

蓼蓼者莪, 匪莪伊蒿. 哀哀父母, 生我劬勞.

蓼蓼者莪, 匪莪伊蔚. 哀哀父母, 生我劬瘁.

缾之罄矣, 維罍之恥. 鮮民之生, 不如死之久矣.

無父何怙, 無母何恃. 出則銜恤, 入則靡至.

父兮生我, 母兮鞠我, 拊我畜我, 長我育我.

顧我復我, 出入腹我, 欲報之德, 昊天罔極.

南山烈烈, 飄風發發. 民莫不穀, 我獨何害.

南山律律, 飄風弗弗. 民莫不穀, 我獨不卒

—『詩經』「小雅」〈小旻之什 · 蓼莪〉

길고 긴 아름다운 쑥인 줄 알았는데, 아름다운 쑥이 아니라 나쁜 쑥이
었네. 슬프다, 나의 부모님! 날 낳으시느라 고생만 하셨네.

길고 긴 아름다운 쑥인 줄 알았는데, 아름다운 쑥이 아니라 제비쑥이
었네. 슬프다, 나의 부모님! 날 낳으시느라 골병만 드셨네.

작은 병이 텅 비었으니 큰 병의 수치일세. 연약한 저 많은 사람의 삶,
죽음보다 못한 지 오래!

아버지가 없으면 누구를 믿으며, 어머니가 없으면 누구를 믿을까? 나
가면 근심 품고, 들어오면 이를 곳이 없네.

아버님 날 낳으시고, 어머님 날 길러 주시니, 나를 어루만지고 나를
길러 주시며, 나를 자라게 하고 나를 키워 주셨네.

나를 돌아보고 나를 또 돌아보시며, 나갈 때나 들어올 때나 나를 가슴
에 품으시니, 그 은혜를 갚고자 하나 저 하늘처럼 끝이 없네!

남산은 높고 웅장한데, 회오리바람은 빠르고 빠르네. 사람들은 좋지 않음이 없어 보이는데, 나만 홀로 어찌 해코지를 당하는가!

남산은 늠름하고 큰데 회오리바람은 마구 휘날리네. 사람들은 좋지 않음이 없어 보이는데, 나만 홀로 끝마치지 못하네!

7-3

㉮ 凡事父母者, 一事一行, 毋敢自專, 必稟命而後行. 若事之可爲者, 父母不許, 則必委曲陳達, 頷可而後行. 若終不許, 則亦不可直遂其情也.

부모를 모시고 있는 자식은, 아무리 사소한 하나의 일이나 하나의 행실조차도, 감히 제멋대로 하지 말아야 한다. 반드시 부모의 말씀을 듣고 요청에 따라 행동해야 한다. 해야 할 일인데, 부모가 허락하지 않으면, 반드시 자세히 말씀드려 허락을 얻은 후에 행해야 한다. 끝까지 허락하지 않더라도, 또한 바로 그 뜻대로 해서도 안 된다.

㉯ 每日未明而起, 盥櫛衣帶, 就父母寢所. 下氣怡聲, 問燠寒安否. 昏則詣寢所, 定其褥席, 察其溫凉. 日間侍奉, 常愉色婉容, 應對恭敬. 左右就養, 極盡其誠, 出入必拜辭拜謁.

매일, 날이 밝기 전에 아침 일찍 일어나야 한다. 그리고 세수하고 머리 빗고 옷 입고 띠를 띠고서, 부모의 침실로 가서 문안 인사를 한다. 이때, 기운을 낮추고 목소리를 부드럽게 하여, 방이 뜨거운지 차가운지, 편안한지, 컨디션이 어떠한지를 여쭙는다.

날이 어두워지면, 또 침실로 가서 찾아뵙는다. 이부자리를 펴 드리고, 방이 따뜻한지 서늘한지, 잠자리 상태가 편안한지, 살펴본다.

평소, 낮에 모시고 있을 때는, 항상 얼굴빛을 유쾌하게 하고, 용모를 공손히 하여, 응대하기를 공경히 한다. 언제 어디서 어떤 방법을 가리지 말고, 봉양할 때는 정성을 다한다. 외출할 때는 반드시, 걱정하지 않도록, 행선지를 알리고 인사드리며, 돌아와서는 다시 잘 다녀왔다고 인사해야 한다.

『예기』「곡례」(상)에 다음과 같은 표현이 있다.

凡爲人子之禮, 冬溫而夏淸, 昏定而晨省, 在醜夷不爭! - 『禮記』「曲禮」(上)

자식으로서 지켜야 할 일상의 예법이 있다. 겨울에는 부모를 따뜻하게 해 드리고, 여름에는 서늘하게 해 드리며, 저녁에는 부모의 잠자리를 정해 드리고, 새벽에는 아침 문안을 살피며, 동료나 친구들과 싸우지 않는다!

㉔ 今人, 多是被養於父母, 不能以己力, 養其父母, 若此奄過日月, 則終無忠養之時也. 必須窮幹家事, 自備甘旨, 然後子職乃修. 若父母見不聽從, 則雖不能幹家, 亦當周旋補助, 而盡力得甘旨之具, 以適親口, 可也. 若心心念念, 在於養親, 則珍味亦必可得矣. 每念王延, 隆冬盛寒, 體無全衣, 而親極滋味, 令人感歎流涕也.

요즘 사람들은, 대부분이 부모에게 양육을 받기만 하고, 자기 힘으로 부모를 봉양하지 못한다. 이와 같이 하여, 세월을 보낸다면, 끝내 정성스럽게 봉양할 기회를 놓치고 만다. 반드시 직접 집안일을 책임지고 처리하여, 스스로 맛있는 음식을 마련하라. 그래야 자식으로서 직분과 도리를 다하는 것이다. 그렇게 하려는 데도, 부모가 굳이 그렇게 하지 말라고 하면, 집안일을 직접 책임지고 처리하지는 못하더라도, 또한 여러 가지 일을 보조하여, 힘을 다해 맛있는 음식을 갖추어, 부모를 기쁘게 해드려야 한다. 마음이 늘 부모 봉양에 신경 쓴다면, 맛있는 음식을 반드시 얻을 수 있으리라. 진(晉)나라 때 효자로 소문이 난 왕연(王延)이 그랬던 것처럼, 한겨울 날, 몹시 추운 때도, 자기 몸에 따스한 옷 한 벌 제대로 걸치지 못하면서, 부모에게는 맛있는 음식을 극진하게 대접하여, 사람들이 감동의 눈물을 흘리게 했던 사실을 생각하라.

㉣ 人家父子間, 多是愛逾於敬, 必須痛洗舊習, 極其尊敬. 父母所坐臥處, 子不敢坐臥. 所接客處, 子不敢接私客. 上下馬處, 子不敢上下馬. 可也.

세상 사람들이 집안에서 어떻게 하는지를 살펴보니, 부모—자식 사이에 대부분의 사랑은 공경보다 지나치다. 그런 만큼, 반드시 옛날의 낡은 관행을 말끔히 씻어내고, 존경을 다 해야 한다.

부모가 앉고 누우시는 자리에 자식이 감히 앉고 누워서는 안 된다. 부모가 손님을 접대하는 곳에 자식이 감히 개인적으로 손님을 데리고 와서 접대해서는 안 된다. 부모가 말을 타고 내리는 장소에 자식이 감히 말을 타고 내려서는 안 된다. 그것이 부모를 모시는 예의이다.

㉤ 父母之志, 若非害於義理, 則當先意承順, 毫忽不可違. 若其害理者, 則和氣怡色, 柔聲以諫, 反覆開陳, 必期於聽從.

부모의 뜻이, 올바르고 도리에 맞아 해로운 것이 아니면, 부모의 뜻을 받들어 순종하여 조금이라도 어기지 말라. 올바르지 않고 도리에 맞지 않아 해로운 것이라면, 기운을 온화하게 하고, 얼굴은 기쁜 표정으로, 음성은 부드럽게 하여, 차분하게 건의하라. 내용을 반복하며 정확하게 알려드리고, 건의가 받아들여져 따르겠다고 기약하도록 유도해야 한다.

『예기』「내칙」에 다음과 같은 표현이 있다.

父母有過, 下氣怡色, 柔聲以諫, 諫若不入, 起敬起孝, 說則復諫, 不說, 與其得罪於鄕黨·州閭, 寧孰諫. 父母怒不說, 而撻之流血, 不敢疾怨, 起敬起孝! -『禮記』「內則」

부모가 잘못을 저지르거든, 흥분하여 씩씩거리는 기운을 낮추고, 낯빛을 부드럽게 짓고 음성을 차분하고 따뜻하게 하여 충고의 말씀을 올린다. 충고하는 말이 받아들여지지 않더라도, 더욱 공경하고 더욱 효도하여 기뻐하시면 다시 충고한다. 부모님이 기뻐하지 않더라도, 마을이나 지역 사회에서 부모님을 나쁜 사람으로 인식되지 않도록, 알아들을 때까지 충고해야 한다. 그런데도 부모님이 화를 내며 기뻐하지 않고, 오히려 자식의 종아리를 쳐서 피가 흐르더라도, 부모님을 미워하거나 원망하지 말고, 더욱 공경하고 효도를 다 해야 한다!

㉑ 父母有疾, 心憂色沮. 捨置他事, 只以問醫劑藥爲務, 疾止復初.

부모가 병환이 있으면, 마음으로 근심하고 얼굴빛으로 걱정하라. 그리하여 모든 일을 제쳐두고, 의원에게 묻고 약 짓는 일에 힘써야 한다. 병이 나으면, 본래 하던 일상으로 돌아간다.

부모님이 병환에 계실 때, 자식의 행동을 담은 구절이, 『예기』「곡
례」(상)에 아래와 같이 보인다.

父母有疾, 冠者不櫛, 行不翔, 言不惰, 琴瑟不御, 食肉不至變味, 酒
不至變貌, 笑不至 , 怒不至 , 疾止復故!

부모님께서 병환을 앓고 계실 때, 자식은 다음과 같이 행동에 유
념해야 한다.

첫째, 다 커서 성인이 된 자식은 머리를 빗지 않는다.

둘째, 길거리를 다닐 때, 두 팔을 벌려 휘저으며 나대지 않는다.

셋째, 바르지 않은 말은 하지 않는다.

넷째, 거문고나 비파와 같은 악기 연주를 즐기며 놀지 않는다.

다섯째, 고기를 먹되 입맛을 잃을 정도로 실컷 먹지 않는다.

여섯째, 술을 마시되 취하여 얼굴빛이 변하는 데까지 이르지 않는다.

일곱째, 웃어도 지나치게 활짝 잇몸이 드러나도록 하지 않는다.

여덟째, 화가 나더라도 다른 사람을 큰소리로 꾸짖는 데까지 이르
지 않는다.

이렇게 조심스럽게 일상을 보내다가, 부모님의 병환이 모두 나으
면 다시 예전과 같이 생활한다.

㉔ 日用之間, 一毫之頃, 不忘父母, 然後乃名爲孝. 彼持身不謹, 出言無
章, 嬉戲度日者, 皆是忘父母者也.

일상생활에서, 어떤 순간이라도 부모를 잊지 않아야 효도한다고 말할 수
있다. 몸가짐을 삼가지 않고, 말할 때는 법도가 없으며, 장난으로 세월을
보내는 자가 있다면, 이런 인간은 모두 부모의 은혜를 잊은 자들이다.

㉠ 日月如流, 事親不可久也. 故爲子者, 須盡誠竭力, 如恐不及, 可也. 古
人詩曰, 古人一日養, 不以三公換. 所謂愛日者, 如此

세월은 흐르는 물과 같다. 세월이 가는 만큼, 부모 모시는 일도 오래 할
수 없다. 그러므로 자식은 모름지기 정성을 다하고 힘을 다하여, 아무리
효도하더라도, 다하지 못할 듯이 해야 한다.
옛사람이 다음과 같은 시를 읊었다
"옛날 사람은 하루 부모 봉양하는 일을, 정승 벼슬과도 바꾸지 않는다."
이른바 '날짜를 아낀다!'라는 것이 이처럼 간절했다.

위의 '고인시왈(古人詩曰)'에서, "고인일인양(古人一日養) 불이삼공환
(不以三公換)"이란 표현은 왕안석(王安石, 1021~1086)의 시에 나오는 구절
이다. 왕안석은 중국 북송(北宋)시대의 정치가이자 문장가로, '신법(新
法)'으로 유명하다. 그의 '신법'은 대체로 국가의 재정 수입과 규모를 늘
리고, 대지주와 대상인에 맞서 소농과 소상인을 보호하려는데 주안점
을 두고 있다. 모역법(募役法), 보갑법(保甲法), 보마법(保馬法), 방전균세
법(方田均稅法), 시역법(市易法), 창법(倉法) 등이 그것이다.

〈送喬秀才歸高郵〉
　　　　　－ 王安石

薄飯午不羹, 空爐夜無炭.
寥寥日避席, 烈烈風欺慢.
謂予勿惡此. 何爲向子歎!
長年客塵沙, 無婦助親爨!

寒喧慰白首, 我弟繞將冠.

遭迴歲又晚, 想見淮湖漫.

古人一日養. 不三以公換.

田園在戮力, 且欲歸鋤灌.

行矣子誠然, 光陰未宜翫.

負米力有餘, 能無讀書伴.

〈교수재가 고우로 돌아가는 것을 전송하며〉

낮엔 거친 밥에 국 한 그릇도 없고, 밤엔 빈 화로에 땔 탄조차도 없네.

쓸쓸히 햇볕은 자리를 비켜나고, 뜨거운 바람은 휘장에 불어오네.

나더러 이를 싫어하지 말라 하지만, 어찌 그대 향해 탄식하겠는가!

오랜 세월 풍진 세상에 객이 되어, 손수 한 끼 밥 지어줄 아내조차 없는가.

작별 인사 나누며 흰머리를 위로해 주는, 나의 아우 이제 겨우 약관의 나이.

머뭇거리면 시간 또한 늦을 것이니, 넘실대는 저 회수의 호숫가에서 만날 날 생각하네.

옛사람은 하루 봉양을, 최고위 관직과도 바꾸지 않았다네.

시골 생활이 힘쓰기에 달렸다지만, 또 돌아가 농사지으려 하는구나.

그대 참으로 가려는가, 세월은 갖고 노는 것이 아니라네.

쌀을 지고도 힘이 남는다면, 책 읽는 친구가 없을 수 있겠는가!

8. 상제(喪制) - 장례를 엄숙하게 행하다

8-1

'상제(喪制)'는 '상례(喪禮)', 즉 오늘날의 장례식에 관한 유교식 예법을 정돈한 내용이다. 현대 사회에는 유교뿐만 아니라 천주교, 기독교, 불교 등 종교에 따라 다양한 형태의 장례 문화가 존재한다. 매장(埋葬)도 하지만 화장(火葬)이 점차 증가하는 추세에 있기도 하다. 또한 여전히 유교식 전통의 묘지를 조성하기도 하고, 납골함이나 수목장으로 모시기도 한다.

이처럼, 과거의 장례 의식과 현대의 그것이, 각자 처한 상황에 따라 상당히 달라진 점을 고려하여, 이장은 별도의 해설을 첨가하지 않고, 원문과 의역을 제시한다.

참고로 천주교(가톨릭)와 기독교(개신교)의 장례식을 간략하게 정돈하면 다음과 같다.

천주교는 죽음을 단순한 죽음으로 이해하지 않는다. 그것은 '새로운 삶으로 옮겨가는 과정'이다. 특히, '현실(現實) - 연옥(煉獄) - 천국(天國)'으로 설정한 단계에 의거, 연옥에 있는 영혼이 천국으로 갈 수 있도록, 살아있는 사람들이 기도하는 일을 중요하게 생각한다. 여기에서 연옥

은 일정한 물리적 장소가 아니다. '정화(Purgatorium: purgatory)의 상태'
이다. 연옥에서 이해하면, 지옥(地獄)은 영구한 곳이며, 지옥에서 연옥
으로 이동하는 일은 불가능하다. 연옥에서의 고통은 벌이 아니라 하
나님을 직접 뵙지 못하는 갈망의 고통이다. 연옥에 있는 영혼은 정화
가 끝나면 천국으로 가게 되므로, 구원(救援)이 확정되었다.

천주교의 장례는, 연옥의 영혼을 위한 기도, 즉 '위령 기도'인 '연도
(煉禱)'와 '위령 미사'인 '연유(煉祐)'를 중심으로 진행된다. '연도'는 독특
한 운율이 있는 노래 형태로 바치기도 한다. '연유'는 성당에서 신부(神
父)의 집전 하에 진행되고, 고인이 하나님 곁에서 안식을 얻도록 간청
한다. 한국의 가톨릭에서는 유교 전통을 존중하고 수용하여, 분향(焚
香)이나 고인에 대한 절을 허용한다.

개신교는 죽음을 '이 땅에서 수고(受苦)를 마치고 하나님의 품으
로 돌아가는 기쁜 일'로 생각한다. 이 때문에 장례 의식이 간소하고 밝
은 분위기를 띠기도 한다. 장례식은 대부분이 예배 중심이다. 임종(臨
終) 때의 예배를 비롯하여, '입관' 예배, '발인' 예배, '하관' 예배 등, 모
든 절차가 목사(牧師)의 집행 아래, 예배로 이루어진다. 절을 하는 대
신, 국화꽃을 영정 앞에 놓는 '헌화(獻花)'와 '묵념(默念)'으로 예의를 표
한다. 또한 슬픈 노래보다는 하나님의 품, 천국 길로 가는 소망을 담은
찬송가를 부른다.

불교의 장례식은 천주교나 개신교와 상당히 다르다. 불교는 죽음
을 끝이 아닌, 새로운 생(生)으로 나아가는 '윤회(輪廻: Samsara; rebirth,
cyclicality of life)'의 과정이자 삶의 집착을 놓아주는 의식으로 생각한다.
윤회는, 해탈(解脫)의 경지에 도달하지 못한 사람이 그 깨달음 또는 구
원된 상태에 도달할 때까지, 계속하여 이 세상으로 재탄생한다는 의

미이다.

그러므로 불교의 장례식은, 유가족들의 슬픔을 달래주고, 고인이 극락왕생(極樂往生: Amita-buddha) 할 수 있도록 도와주는 정중한 의례이다. 불교에서 인간의 육신(肉身)은 '지(地)·수(水)·화(火)·풍(風)'의 네 가지로 이루어진, 임시로 빌린 것이다. 이런 이치에서 이해하면, 장례식은 인간의 육신을 원래의 자연으로 돌려보내고, 영혼이 좋은 곳에 태어나도록 기원하는 데 초점을 맞춘다.

불교의 주요 장례 절차는, 먼저, '임종(臨終) 및 다비(茶毘)' 준비를 한다. '다비'는 화장(火葬), 또는 죽음에서 입탑(入塔)까지의 상장례 전반을 뜻한다. 이때, 고인이 숨을 거두면 불경을 독경하며 평온한 분위기를 조성한다. 다음으로 '습(襲)과 소렴(小殮)'을 한다. 시신을 깨끗이 닦고 수의를 입히는 일이다. 이때 입안에 쌀이나 구슬을 넣기도 한다. 다음으로 흔히 '다비(茶毘)'라고 하는 화장을 한다. 육신을 태움으로써 형체에 대한 집착을 끊는다는 뜻이다. 이후에 스님의 집전 아래 고인의 명복을 비는 영결식을 거행하고, 향을 피우고 절을 올린다.

이후에는 '49재'라는 아주 중요한 예식을 거행한다. 불교의 장례식은 임종에서 화장 및 영결식에 이르는 예식보다 49재가 핵심일 수 있다. 불교에서는 사람이 죽은 후, 다음 생(生)을 받기까지, 49일 동안 '중유(中有: Bardo)'라는 상태에 머문다고 본다.

'중유'는 '사유(四有)' 가운데 하나이다. '사유'는 중생이 살다가 죽어 다음의 어떤 생에 이르는 과정인, '중유(中有), 생유(生有), 본유(本有), 사유(死有)'의 네 가지이다. '중유'는 죽은 다음 어떤 생을 받을 때까지의 49일 동안이고, 둘째, '생유'는 어떤 생이 결정되는 순간이며, 셋째, '본유'는 어떤 생이 결정된 후부터 죽을 때까지이며, 넷째, '사유'는 죽는 순간이다.

49재는 사람이 죽은 후, 7일마다 총 7번의 재를 치르는 일이다.
고인이 된 후, 49일째에 가장 성대하게 의식을 치르며, 고인이 극락(極
樂)으로 향하도록 안내한다.

8-2

㉮ 喪制, 當一依朱文公家禮. 若有疑晦處, 則質問于先生長者識禮處,
必盡其禮, 可也. 復時, 俗例必呼小字, 非禮也. 少者, 則猶可呼名. 長
者, 則不可呼名. 隨生時所稱, 可也. 婦女尤不宜呼名. 母喪, 父在則父
爲喪主. 凡祝辭, 皆當用夫告妻之例也. 父母初沒, 妻妾婦及女子, 皆被
髮, 男子則被髮扱上袵徒跣. 小斂後, 男子則袒括髮, 婦人則髽. 若子爲
他人後者, 及女子已嫁者, 皆不被髮徒跣. 男子則免冠.

장례 제도와 그 의식은, 한결같이 『주자가례(朱子家禮)』를 따라야 한
다. 장례 의식이나 절차에 대해, 의심스럽거나 모르는 것이 있으면,
선생이나 어른 가운데 예식에 대해 아는 분에게 확인하여, 그 예의를
다해야 한다.

돌아가신 분의 혼을 부르는 절차인 복(復: 招)을 할 때, 일반 사람들
이 반드시 어릴 때의 자(字)를 부르는데, 이는 바른 예의가 아니다. 젊
은 사람이면 이름을 불러도 된다. 하지만 어른은 이름을 불러서는 안
된다. 살아 있을 때 부르던 명칭을 따라야 한다. 부녀자의 경우, 더욱
이름을 불러서는 안 된다.

어머니가 돌아가서 장례를 치를 때, 아버지가 살아 있으면, 아버지가
상주가 된다. 모든 축문(祝文)은 남편이 아내에게 알리는 것으로 한다.

부모가 돌아가시면, 그 직후에, 아내와 첩, 며느리와 딸 등 여자들은 모두 머리를 푼다. 남자들은 머리를 풀고 옷깃을 걷어 올리며 맨발로 있어야 한다. 부모의 시신을 옷과 이불로 싸는 절차인 소렴(小斂)을 한 뒤에, 남자는 왼쪽 어깨를 드러내고 머리를 묶으며, 부인은 머리를 묶는다. 아들로서 양자가 된 사람과 딸로서 이미 출가한 사람은 모두 머리를 풀거나 맨발을 하지 않는다. 남자는 모자[관]를 벗는다.

㉯ 尸在牀而未殯, 男女位于尸傍, 則其位南上, 以尸頭所在爲上也. 旣殯之後, 女子則依前位于堂上, 南上, 男子則位于階下, 其位當北上, 以殯所在爲上也. 發引時, 男女之位, 復南上, 以靈柩所在爲上也. 隨時變位而各有禮意. 今人, 多不解禮, 每弔客致慰, 專不起動, 只俯伏而已, 此非禮也. 弔客拜靈座而出, 則喪者當出自喪次, 向弔客, 再拜而哭, 可也. 弔客當答拜. 衰, 非疾病服役, 則不可脫也.

시신이 침상에 있고, 아직 빈소를 차리지 않았을 때, 남녀가 시신 곁에 자리하게 되면, 남쪽을 상석으로 삼는다. 이는 시신의 머리가 있는 쪽을 상석으로 하기 때문이다. 빈소를 차린 뒤에는 여자들은 앞에서와 같이 당의 위에 자리하되 남쪽을 상석으로 삼고, 남자들은 뜰 아래에 자리하되, 북쪽을 상석으로 삼아야 한다. 빈소가 있는 곳을 상석으로 하기 때문이다.

상여가 집에서 묘지를 향하여 떠나는 절차인 발인(發引)할 때는, 남녀의 자리가 다시 남쪽을 상석으로 삼는다. 영구(靈柩)가 놓여있는 곳을 상석으로 하기 때문이다. 때에 따라 위치를 바꾸되, 각각 그에 적절한 예법으로서 의미가 있다.

요즘 사람들이 대부분 예법을 이해하지 못하여, 조문객이 위로할 때,

전혀 움직이지 않고, 단지 엎드려 있기만 하는데, 이것은 예법이 아니다. 조문객이 혼백을 모셔놓은 자리인 영좌(靈座)에 절하고 나오면, 상주는 머물고 있던 방인 상차(喪次)로부터 나와 조문객을 향해 두 번 절하고 곡(哭)을 한다. 조문객도 마땅히 답례의 절을 해야 한다.

상복과 상을 당한 사람이 머리에 묶는 끈인 수질(首絰) 및 허리에 묶는 끈인 요질(腰絰)은 병에 걸리거나 일하는 경우가 아니면, 벗어서는 안 된다.

8-3

㉮ 家禮, 父母之喪, 成服之日, 始食粥, 卒哭之日, 始疏食, 糲飯也, 水飲, 不食羹也, 不食菜果. 小祥之後, 始食菜果, 羹亦可食. 禮文如此. 非有疾病, 則當從禮文. 人或有過禮而啜粥三年者. 若是誠孝出人, 無一毫勉强之意, 則雖過禮, 有或可也. 若誠孝未至, 而勉强踰禮, 則是自欺而欺親也. 切宜戒之.

『가례』에 보면, 부모의 상에는 상복을 갖추어 입는 날에 비로소 죽을 먹고, 곡을 마치는 날에 비로소 곱게 찧지 않은 거친 밥과 물만 마시고 국을 먹지 않으며, 채소와 과일을 먹지 않는다.

1주기인 소상(小祥)이 지난 뒤에, 비로소 채소와 과일을 먹는다. 국도 먹을 수 있다.

장례의 예법이 이와 같다. 질병이 있지 않는 한, 당연히 예법을 따라야 한다.

간혹, 예법이 지나친 사람들이, 3년 동안 죽만 먹는 자가 있다. 효성이 남보다 뛰어나, 조금도 힘써서 억지로 그렇게 하는 뜻이 없다면,

예법에 지나치더라도 괜찮다. 그런데 효성이 지극하지도 않으면서 그렇게 한다면, 이는 자신을 속이고 부모를 속이는 짓이다. 절대 경계해야 한다.

㉺ 今之識禮之家, 多於葬後返魂, 此固正禮. 但時人效顰, 遂廢廬墓之俗, 返魂之後, 各還其家, 與妻子同處, 禮坊大壞, 甚可寒心. 凡喪親者, 自度一一從禮, 無毫分虧欠, 則當依禮返魂, 如或未然, 則當依舊俗廬墓, 可也. 親喪, 成服之前, 哭泣, 不絶於口, 氣盡則令婢僕代哭. 葬前, 哭無定時, 哀至則哭. 卒哭後, 則朝夕哭二時而已. 禮文, 大槪如此. 若孝子情至, 則哭泣. 豈有定數哉!

지금의 예법을 아는 집안에서는 대부분 장사를 지낸 다음, 묘소에서 장례를 지낸 뒤에 신주를 집으로 모셔오는 반혼(返魂)을 한다. 이는 진실로 바른 예법이다. 그런데 요즘 사람들은 남의 흉내를 내어, 마침내, 무덤 옆에 여막을 짓고 살며 무덤을 지키는 여묘(廬墓)살이 풍속을 버리고, 반혼을 한 뒤에 각각 자기 집으로 돌아와 처자식들과 함께 생활한다. 이렇게 예법이 크게 무너지니, 몹시 한심스러울 따름이다.
부모의 장례를 치르는 사람은, 하나하나 예법을 따라 스스로 헤아려, 조금도 모자라는 것이 없다고 생각되면, 마땅히 예법에 따라 반혼하고, 그렇지 못하면, 옛날 풍속을 따라 여묘 살이를 하는 것이 옳다.
부모의 상을 당했을 때, 상복을 갖춰 입기 전에는 곡을 하고, 슬피 우는 것을 끊어지지 않게 하고, 기운이 다하면, 하인에게 대신 곡을 하게 한다. 장례를 치르기 전에는 곡을 하는 것이 정해진 때가 없고, 슬픔이 일어나면 곡을 한다.
졸곡(卒哭)을 지낸 뒤에는 아침과 저녁, 두 번만 곡을 한다. 예법이 대개 이와 같다. 효자로서 부모에 대한 애정이 지극하면, 곡하고 우는 것에 어찌 정한 횟수가 있겠는가?

㉯ 凡喪, 與其哀不足而禮有餘也. 不若禮不足而哀有餘也. 喪事, 不過盡其哀敬而已. 曾子曰, 人未有自致者也. 必也親喪乎! 送死者, 事親之大節也. 於此, 不用其誠. 惡乎用其誠!

초상이 났을 때는 슬픔이 적고 예의가 넉넉하기보다 예의는 부족하지만 슬픔이 많아야 한다. 초상에는 그 슬픔과 공경을 다 하면 그뿐이다.

증자가 말하였다.

"자기의 일에 정성을 다하는 자가 있지 않을 수는 있으나, 부모의 초상에는 반드시 정성을 다해야 한다!"

죽은 사람의 장례를 치르는 일은, 부모를 모시는 큰 예법이다. 여기에 정성을 쏟지 않는다면, 어디에 정성을 쏟겠는가!

8-4

㉮ 昔者, 小連大連, 善居喪, 三日不怠, 三月不懈, 期悲哀, 三年憂, 此是, 居喪之則也. 孝誠之至者, 則不勉而能矣. 如有不及者, 則勉而從之, 可也. 人之居喪, 誠孝不至, 不能從禮者, 固不足道矣. 間有質美而未學者, 徒知執禮之爲孝, 而不知傷生之失正, 過於哀毀羸疾已作, 而不忍從權, 以至減性者, 或有之. 深可惜也. 是故, 毀瘠傷生, 君子謂之不孝.

옛날에, 동이(東夷) 사람으로 장례를 잘 치른 것으로 유명한 소련(小連)과 대련(大連)이라는 분이 있었다. 이들은 장례를 잘 치러, 3일 동안 게으르게 하지 않았고, 석 달 동안 태만하게 하지 않았으며, 1년간 슬퍼했고, 3년 동안 근심했다. 이것이 바로 장례를 치르는 예법이다. 효성이 지극한 사람은 힘쓰지 않아도 잘할 수 있다. 그런데 제대로 하지 못하는 부족한 인간은, 힘써서 예법을 따르는 것이 옳다. 사람이 장례를 치를 때, 효성이 지극하지 못하여 예법을 따르지 못하는 자는 말할 것이 없다. 하지만, 간혹 자질은 아름다운데 배우지 못한 자가 있는데, 그는 예법을 행하는 것이 효도가 되는 줄로만 안다. 예법을 따르다 보니, 자신의 생명을 손상하는 경우가 생기고, 그것이 바른 도리를 잃는 일인데도 제대로 알지 못한다. 장례 의식에 얽매서 슬퍼하고 훼손하기를 지나치게 하여, 파리하게 되어 병이 이미 났는데도, 형편에 맞는 도리인 권도(權道)를 발휘하지 못하여 생명을 잃는 자도 있다. 정말 안타깝기 그지없다. 그러므로 몸을 훼손하고 수척하게 하여, 생명을 상하게 하는, 이런 일에 대해, 옛날 교육받은 사람들은 '불효'라고 하였다.

㉗ 凡有服親戚之喪, 若他處聞訃, 則設位而哭. 若奔喪, 則至家而成服. 若不奔喪, 則四日成服. 若齊衰之服, 則未成服前三日中, 朝夕爲位會哭. 齊衰降大功者亦同.

상복을 입어야 할 친척의 장례인 경우, 다른 곳에서 부고를 받았으면 그곳에 신위(神位)를 설치하고 곡을 한다. 상가로 달려가야 할 경우, 그 집에 이르러 상복을 갖춰 입는다. 상가로 달려가지 못할 경우에는 4일 만에 상복을 갖추어 입는다. 증조 할머니나 할머니, 또는 어머니가 세상을 떠나, 그 자녀나 장손이 3년 동안 자최복을 입어야 하는 초상의 경우, 상복을 갖추어 입기 전 3일 동안, 아침저녁으로 신위를 설치하고, 모여서 곡을 한다. 자최복을 입지만, 친척 관계에 따라 상복을 입는 기간이 9개월로 낮추어진 사람도 이와 같다.

㉣ 師友之義重者, 及親戚之無服而情厚者, 與凡相知之分密者, 皆於聞喪之日, 若道遠, 不能往臨其喪, 則設位而哭. 師則隨其情義深淺, 或心喪三年, 或期年, 或九月, 或五月, 或三月. 友則雖最重, 不過三月. 若師喪, 欲行三年期年者, 不能奔喪, 則當朝夕設位而哭, 四日而止. 止於四日之朝. 若情重者則不止此限. 凡遭服者, 每月朔日, 設位服其服而會哭. 師友雖無服亦同. 月數旣滿, 則於次月朔日, 設位服其服, 會哭而除之. 其間哀至則哭, 可也. 凡大功以上喪, 則未葬前, 非有故, 不可出入, 亦不可弔人. 常以治喪講禮爲事.

스승과 벗 가운데 관계가 중요한 사람, 친척으로서 상복을 입는 사람은 아니지만 관계가 두터운 사람, 그리고 서로 아는 사람으로서 교분이 친밀한 사람, 이들은 모두 부고를 전해 들은 날, 길이 멀어 그 초상에 갈 수 없으면, 있는 곳에서 신위를 설치하고 곡을 한다.

스승이면, 그 관계의 깊고 얕음에 따라, 심상(心喪) 3년, 또는 1년, 또는 9개월, 또는 5개월, 또는 3개월을 한다. 친구면, 가장 중요하고 깊은 관계라 하더라도 3개월을 넘지 않는다. 스승의 장례에 3년 또는 1년 복을 행하는 사람이, 상가로 달려갈 형편이 안 되는 경우, 있는 곳에서 아침저녁으로 신위를 설치하고 곡을 하여, 4일 만에 그친다. 4일째 아침에 그친다. 관계가 깊은 사람의 경우, 이런 제한이 없다.

상복을 입은 사람은 매월 초하루에 신위를 설치하고, 상복을 입고 모여서 곡을 한다. 스승과 친구로서 복이 없는 경우도 마찬가지이다. 달수가 차고 나면, 다음 달 초하루에 신위를 설치하고, 상복을 입고 모여서 곡을 하고 상복을 벗는다. 그 사이에 슬픔이 일어나면 곡을 하는 것이 옳다.

9개월 동안 상복을 입는 대공(大功) 이상의 초상을 당했을 때, 장례를 치르기 전에는 연고가 없으면 밖에 출입하지 않고, 다른 사람의 초상에 조문하러 가서도 안 된다. 항상 초상을 치르고 예법을 익히는 것을 일삼아야 한다.

9. 제례(祭禮) – 제사의 예절을 경건하게 하다

9-1

'제례(祭禮)'는 제사 의식에 관한 내용을 담았다. '제사' 문화는 개인의 처지나 사회 상황, 종교나 신념에 따라 다르게 전개 되어왔다. 특히, 과거 유교의 제사 문화와 다양한 문화가 공존하는 현대 사회의 제사 문화는 본질적으로 달라진 사안이 많다. 이에 이장의 내용에 대한 별도의 해설을 첨가하지 않고, 원문과 의역을 제시한다. 옛날 유교의 제사 양식을 참고하여, 현대의 다양한 제사 문화와 대비하며 참고하면 좋겠다.

공자도 강조했듯이, 예의는 '형식(形式)보다는 정성(精誠)이다!' 그렇다고 형식이 필요 없다거나 중요하지 않다는 말이 아니다. 그것도 중요하다. 형식이 갖춰지지 않으면 내용을 채우기 힘들고, 내용이 없으면 형식도 부실해진다. '형식보다는 정성!'이라는 말은, 그 무엇보다도 제사를 지내야 하는 신령에 대한, 존경과 추모의 정, 성의를 다하는 마음이 중요하다는 의미이다.

각자가 교육받은 사람으로서 상식을 갖춘, 시대정신에 부합하는 제사 의식의 양식을 고민하며, 허례허식(虛禮虛飾)이나 형식주의(形式主義)에 빠지지 않는, 각자의 상황에 맞게 추모의 정성을 가득 담은, 제사 의식이기를 소망할 뿐이다.

9-2

㉮ 祭祀, 當依家禮, 必立祠堂, 以奉先主. 置祭田, 具祭器, 宗子主之. 主祠堂者, 每晨, 謁于大門之內, 再拜. 雖非主人, 隨主人, 同謁無妨. 出入必告. 或有水火盜賊, 則先救祠堂, 遷神主遺書, 次及祭器, 然後及家財. 제사는 마땅히 『가례』에 따라 반드시 사당을 세워 선조의 신주를 받들어야 한다. 그리고 제전(祭田)을 설치하고, 제기(祭器)를 마련하여, 종가의 맏아들이 이를 주관한다. 사당을 주관하는 사람은 매일 새벽마다 대문 안에서 참배하고 두 번 절한다. 종가의 맏아들인 주인이 아니더라도, 주인을 따라 함께 뵙는 것도 무방하다. 출입할 때는 반드시 아뢴다. 혹시, 수재나 화재가 발생하거나 도적이 들면, 먼저 사당을 구하여 신주와 서적을 옮긴다. 다음에 제기를 옮기고, 그런 다음에 집안의 재산을 옮긴다.

㉯ 正(正朝), 至(冬至), 朔(一日), 望(十五日), 則參, 俗節則薦以時食. 時祭, 則散齊四日, 致齊三日. 忌祭, 則散齊二日, 致齊一日. 參禮, 則齊宿一日. 所謂散齊者, 不弔喪, 不問疾, 不茹葷, 飮酒不得至亂, 凡凶穢之事, 皆不得預. 若路中, 猝遇凶穢則掩目而避, 不可視也. 所謂致齊者, 不聽樂, 不出入, 專心想念所祭之人, 思其居處, 思其笑語, 思其所樂, 思其所嗜之謂也. 夫然後, 當祭之時, 如見其形, 如聞其聲, 誠至而神享也. 정월 초하루, 동짓날, 초하루, 보름날이 되면, 사당에 참배하고, 명절에는 그때 특별히 있는 음식을 올린다.

해마다 음력 2월, 5월, 8월, 11월에는 사당에 제사를 지내는 데 이를 시제라 한다. 시제 때는 제관이 몸이나 행동을 삼가는 산제(散齊)를 4일간 하고, 제관이 몸과 마음을 깨끗이 하는 치제(致齊)를 3일간 한다. 돌아가신 날 모시는 기재(忌祭) 때는 산제를 2일간 하고, 치제를 1일간 한다.

다례(茶禮)에 해당하는 참례(參禮) 때는 제계(齊戒)를 1일간 한다.

'산제'라는 것은, 초상에 조문하지 않고, 질병에 문병하지 않으며, 파나 마늘과 같이 냄새나는 채소를 먹지 않고, 술을 마시되 취하는데 이르지 않으며, 모든 흉하고 더러운 일에 참여하지 않음이다. 길에서 흉하고 더러운 것을 갑자기 만나면, 눈을 가리고 피하여 보지 말아야 한다.

'치제'라는 것은, 음악을 듣지 않고, 출입하지 않고, 마음을 오로지 하여 제사 지낼 분을 생각하여, 그 생전에 거처하시던 것을 생각하며, 웃고 말씀하시던 것을 생각하며, 좋아하시던 것을 생각하며, 즐겨 드시던 것을 생각함을 말한다.

이렇게 한 뒤에야, 제사 지낼 때, 그 모습을 보는 듯하고, 그 음성을 듣는 듯하며, 정성이 다해져서 신령이 흠향한다.

㉱ 凡祭, 主於盡愛敬之誠而已. 貧則稱家之有無, 疾則量筋力而行之, 財力可及者, 自當如儀. 墓祭忌祭, 世俗 輪行, 非禮也. 墓祭, 則雖輪行, 皆祭于墓上, 猶之可也. 忌祭, 不祭于神主, 而乃祭于紙榜, 此甚未安. 雖不免輪行, 須具祭饌, 行于家廟, 庶乎可矣.

제사는, 사랑하고 공경하고 정성을 다하는 일을 중심으로 한다. 가난하면 집안 재산이 없는 만큼 그에 맞추어 지내고, 질병이 있으면 근력을 헤아려 지내며, 재물도 있고 힘도 있는 사람은 예법에 맞게 하면 된다.

일반사람들 가운데 묘제(墓祭)와 기제(忌祭)를 자손들이 돌아가며 지내는 경우가 있는데, 이는 예법이 아니다. 묘제는 돌아가며 지내더라도, 모두 묘소에서 제례를 행하므로, 그래도 괜찮다. 기제는 신주에 제사 지내지 않고, 종이에 써서 만든 신주인 지방(紙榜)에 제사를 지내므로, 마음 편하지 않은 일이다. 돌아가며 제사를 지내더라도, 제사 음식을 제대로 갖추어 가묘(家廟)에서 지내는 것이 옳다.

9-3

喪祭二禮, 最是人子致誠處也. 已沒之親, 不可追養. 若非喪盡其禮, 祭盡其誠, 則終天之痛, 無事可寓, 無時可洩也. 於人子之情, 當如何哉? 曾子曰, 愼終追遠, 民德歸厚矣. 爲人子者, 所當深念也. 今俗, 多不識禮, 其行祭之儀, 家家不同. 甚可笑也. 若不一裁之以禮, 則終不免紊亂無序, 歸於夷虜之風矣. 玆鈔祭禮, 附錄于後, 且爲之圖, 須詳審倣行, 而若父兄不欲, 則當委曲陳達, 期於歸正.

장례와 제례, 이 두 예법은, 사람이 최고의 정성을 쏟아야 할 일이다. 이미 돌아가신 부모를 뒤따라가서 봉양할 수는 없다. 장례에 그 예법을 다하고, 제례에 그 정성을 다하지 않는다면, 일생 동안의 비통함을 붙일 만한 일이 없고, 쏟을 만한 때가 없다. 자식으로서 정을 어떻게 하겠는가?

증자가 말하였다.

"장례를 삼가 모시고, 먼 조상을 추모하면, 사람들의 덕이 두터운 곳으로 돌아가게 된다."

자식으로서 깊이 생각할 문제이다.

요즘 일반사람들 대부분은 예법을 알지 못하여, 제사 지내는 의식이 집마다 같지 않다. 정말 웃음거리가 아닐 수 없다. 이런 상황에서, 예법으로 제대로 정돈하지 않는다면, 마침내 문란하고 차례가 없어, 도리를 잃어버린 풍속으로 빠짐을 면치 못할 것이다.

이에 제사 의식에 관한 예법을 뽑아 뒤에 붙이고, 또 그림으로 그려 놓았으니, 자세히 살펴 이대로 따라 행하라. 집안 어른들이 그대로 하지 않으려고 하면, 간곡히 말씀드려서, 예법을 준수할 수 있도록 해야 한다.

여기에서는 제사 의식에 관한 구체적인 예법과 그림은 생략한다.

10. 거가(居家) - 집안 관리 운영을 합리적으로 하다

10-1

'거가(居家)'는 집안의 관리 운영에 관한 내용을 적시하고 있다. 이 장의 경우, 과거의 가문(家門)에 의거한 집안 문화, 특히 농경사회의 시스템에 입각한 관리 운영의 핵심을 정돈하고 있다. 이는 지식 정보 산업, 우주 첨단 과학기술, 인공지능 등, 전혀 다른 차원의 시대정신을 구가하고 있는 현대 사회와 부합하지 않는 특징을 지닌다. 핵가족 또는 1인 가정, 성인식, 결혼 양식, 부부관계, 부모자식관계, 자식 교육, 형제자매관계, 자녀 수, 노비, 녹봉(월급 또는 연봉), 젠더 문제, 반려동물, 로봇, 인터넷, 각종 생활 도구 등, 과거 조선 사회의 전통과 문화의 결이 완전히 다른 점을 고려하여, '거가'의 차원을 새롭게 이해할 필요가 있다. 이장도 별도의 해설을 첨가하지 않고, 원문과 의역을 제시한다. 몇몇 주요한 내용에 대해서는 그 출전을 밝혀 이해를 돕는다.

10-2

凡居家, 當謹守禮法, 以率妻子及家衆. 分之以職, 授之以事, 而責其成

功. 制財用之節, 量入而爲出. 稱家之有無, 以給上下之衣食, 及吉凶之
費, 皆有品節, 而莫不均一, 裁省冗費, 禁止奢華, 常須稍存 餘, 以備不
虞. 冠婚之制, 當依家禮, 不可苟且從俗. 兄弟, 同受父母遺體, 與我如
一身. 視之當無彼我之間, 飮食衣服有無, 皆當共之. 設使兄飢而弟飽,
弟寒而兄溫, 則是一身之中, 肢體或病或健也, 身心豈得偏安乎? 今人,
兄弟不相愛者, 皆緣不愛父母故也. 若有愛父母之心, 則豈可不愛父母
之子乎? 兄弟若有不善之行, 則當積誠忠諫, 漸喻以理, 期於感悟, 不可
遽可色拂言, 以失其和也.

집에 거처할 때는, 삼가 예법을 지켜서, 처자와 집안 식구들을 거느려
야 한다. 모든 식구에게 각자의 직책을 부여하고, 할 일을 맡겨주어,
제대로 해나가기를 요구한다. 재물의 씀씀이를 절제하여, 수입을 헤
아려 지출한다. 집안의 재산 상황에 맞추어 윗사람과 아랫사람의 옷
과 음식, 집안 경조사 비용을 지급하되, 모두 등급을 조절하여 균일하
지 않음이 없게 하고, 쓸데없는 비용을 줄이며, 사치스럽고 호화롭게
함을 금지하여, 늘 조금 여유 있게 하여 뜻밖의 일에 대비한다.

성인식에 해당하는 관례(冠禮)와 결혼 예식인 혼례(婚禮) 제도는, 『가
례』에 의거하고, 구차스럽게 예법에 어긋난 일반 사람들의 풍속을 따
라서는 안 된다.

형제자매는 부모가 남겨준 몸을 함께 받아서, 나와 더불어 한 몸과 같
다. 따라서 형제자매 보기를 나와 너의 간격이 없게 하여, 음식과 의
복 등 살림살이의 내용을 함께 해야 한다. 가령, 형이나 언니, 오빠나
누나는 굶주리고 있는데 동생은 배부르고, 동생은 추위에 떨고 있는
데 형이나 언니, 오빠나 누나는 따뜻하게 지낸다면, 이는 한 몸 가운
데 팔다리와 몸뚱이가 병들었거나 건강한 것과 같다. 그런 상황에서

어찌 한쪽만 편안할 수 있겠는가?

요즘 사람들이 형제간에 서로 사랑하지 않는 것은, 모두 부모를 사랑하지 않는 데 원인이 있다. 부모를 사랑하는 마음이 있다면, 어찌 그 부모의 자식을 사랑하지 않겠는가? 형제자매가 좋지 못한 행실이 있으면, 성심껏 충고하여, 점차 도리로 깨우쳐 감동하여 깨닫도록 노력해야 한다. 갑자기 노여운 낯빛과 거슬리는 말을 던져, 형제자매 사이에 화기애애한 분위기를 깨트려서는 안 된다.

『가례』「통례」에는 다음과 같이 내용을 보완하여 설명하고 있다.

凡爲家長, 必謹守禮法, 以御羣子弟及家衆, 分之以職(謂使之掌倉廩廐庫庖廚舍業田園之類), 授之以事(謂朝夕所幹, 及非常之事), 而責其成功. -『家禮』「通禮」(一)

가장의 경우, 반드시 삼가 예법을 지켜, 여러 자제와 집안 식구들을 거느려야 한다. 그들에게 직책을 나누어 주어야 한다. 이때 직책은 창고와 마구간, 푸주간 및 집안의 일과 전원 등의 일을 담당하도록, 역할 분담을 말한다. 그리고 할 일을 맡겨주어야 한다. 이때 할 일은 아침저녁으로 해야 하는 일상의 일과 일상적이지 않은 일 모두를 가리킨다. 그렇게 하여 직책을 제대로 수행하도록 요구한다.

집안과 관련한 괘인『주역』「가인」에도 다음과 같이 기록되어 있다.

家人有嚴君焉, 父母之謂也, 父父子子兄兄弟弟夫夫婦婦, 而家道正. 正家, 而天下定矣. -『周易』「家人」〈象傳〉

집안 사람 가운데 엄한 주권자가 있다. 다름 아닌 부모를 말한다.

부모는 부모답고 자식은 자식다우며, 형은 형답고 동생은 동생다우며, 남편은 남편답고 부인은 부인다워야 한다. 그래야 집안의 도가 바르게 된다. 집안의 법도가 바르게 잡혀야, 그것을 기반으로 세상도 평화롭게 안정된다.

10-3

今之學者, 外雖矜持, 而內鮮篤實. 夫婦之間, 衽席之上, 多縱情慾, 失其威儀. 故夫婦不相昵狎而能相敬者, 甚少. 如是而欲修身正家, 不亦難乎? 必須夫和而制以義, 妻順而承以正, 夫婦之間, 不失禮敬然後, 家事可治也. 若從前相狎, 而一朝遽欲相敬, 其勢難行. 須是與妻相戒, 必去前習, 漸入於禮, 可也, 妻若見我發言持身, 一出於正, 則必漸相信而順從矣. 生子, 自稍有知識時, 當導之以善. 若幼而不教, 至於旣長, 則習非放心, 敎之甚難. 敎之之序, 當依小學. 大抵一家之內, 禮法興行, 簡編筆墨之外, 無他雜技, 則子弟亦無外馳畔學之患矣. 兄弟之子, 猶我子也. 其愛之, 其敎之, 當均一, 不可有輕重厚薄也. 婢僕, 代我之勞, 當先恩而後威, 乃得其心. 君之於民, 主之於僕, 其理一也. 君不恤民, 則民散. 民散, 則國亡. 主不恤僕, 則僕散. 僕散, 則家敗. 勢所必至. 其於婢僕, 必須軫念飢寒, 資給衣食, 使得其所, 而有過惡, 則先須勤勤敎誨, 使之改革, 敎之不改, 然後, 乃施楚撻, 使其心, 知厥主之楚撻, 出於敎誨, 而非所以憎嫉, 然後, 可使改心革面矣.

요즘 배움에 임하는 사람은, 겉으로는 몸을 조심하는 것 같지만, 속으로는 충실한 이가 드물다.

부부 사이에 이부자리 위에서 함부로 정욕을 제멋대로 남용하여, 체면을 구기는 경우가 많다. 그러므로 부부가 서로 억누르지 않고, 서로 공경하는 자가 아주 적다. 이렇게 행동하면서, 몸을 닦고 집안을 바로잡으려고 한들, 잘 되겠는가?

남편은 온화하면서 의리로 제어하고, 아내는 유순하면서 올바른 도리로 받들어, 부부 사이에 예의와 공경을 잃지 않아야, 집안을 다스릴 수 있다. 이전까지는 서로 억누르다가 하루아침에 갑자기 서로 공경하려고 한다면, 이게 되겠는가? 행하기 어렵다. 부인과 서로 주의하고 조심하면서, 반드시 이전의 습관을 버리고, 점차 예법을 찾아 들어가는 것이 옳다. 내가 하는 말과 몸가짐이 한결같이 올바른 데서 나오는 것을, 아내가 알아차린다면, 반드시 차츰차츰 서로 믿고 순종할 것이다.

자식을 낳았을 때는, 약간의 인지 능력이 있을 때부터, 착한 행동으로 나가도록 이끌어야 한다. 어려서부터 가르치지 않고, 이미 어른으로 자라 버리면, 문제가 심각해진다. 나쁜 것을 익히고 방심하게 되어, 이를 가르치기가 정말 어렵게 된다.

가르침에는 순서가 있다. 그 차례는 『소학』을 따라야 한다. 한 집안의 예법이 잘 행해지고, 편지글이나 책, 글씨쓰기 외에 다른 잡다한 기술이 없으면, 자제들 또한 마음을 다른 곳으로 펼쳐, 배움을 저버리는 결점은 없을 것이다. 형제의 자식은 내 자식과 같다. 그를 사랑하고 가르치기를 균일하게 해야 한다. 누구는 중요하게 여기고 누구는 소홀하게 대해서는 안 된다.

집안의 하인들은 집안 사람들의 수고로움을 대신해 주는 사람들이다. 그런 만큼, 먼저 은혜를 베풀고, 위엄을 부리는 태도를 앞세워서는 안 된다. 그래야 그들의 마음을 얻을 수 있다. 임금과 백성 사이의 관계처럼, 주인과 하인의 관계도 그 이치가 똑같다. 임금이 백성을 아끼지 않으면 백성이 흩어진다. 백성이 흩어지면 나라가 망한다. 주인이 하인을 아끼지 않으면 하인들이 도망간다. 하인이 도망가면 집안이 망하게 마련이다. 그것은 형편상 반드시 그렇게 된다.

하인들의 생활에서, 반드시 추위와 굶주림을 깊이 염려하고, 옷과 밥을 잘 주어서, 그들이 살 수 있는 환경을 만들어 주어야 한다. 잘못을 저지르고 나쁜 짓을 행하면, 부지런히 가르쳐서 그들 스스로 고치게 만들고, 가르쳤는데도 고치지 않으면, 그때 회초리로 때려, 그들의 마음에 주인의 회초리가 가르치기 위한 것이지, 미워해서가 아님을 알게 해야 한다. 그런 뒤에야, 하인들이 마음을 고치고, 낯빛을 바로 하게 될 것이다.

위의 내용 가운데 '비복(婢僕)……선은이후위(先恩而後威)', 즉, '먼저 은혜를 베풀고, 위엄을 부리는 태도를 앞세워서는 안 된다.'라는 표현과 관련하여, 『서경』「우서」에는 다음과 같이 기록하고 있다.

見聖人之敎, 無所不極其至, 必不得已焉而後, 威之. - 『書經』「禹書」〈稷〉注

성인의 가르침은 두루 미쳐 다하지 않는 바가 없다. 반드시 마지못해 하는 수 없이 한 뒤에, 위엄을 보인다.

뉘앙스가 약간 다르기는 하지만, 『예기』「표기」에는 유사한 의미로, 다음과 같이 표현하였다.

先祿而後威, 先賞而後罰! - 『禮記』「表記」

녹봉을 먼저 베풀고 위엄을 나중에 부리며, 상을 먼저 주고 벌을 나중에 내린다!

10-4

治家, 當以禮法, 辨別內外, 雖婢僕, 男女不可混處. 男僕, 非有所使令, 則不可輒入內. 女僕, 皆當使有定夫, 不可使淫亂. 若淫亂不止者, 則當黜使別居, 毋令汚穢家風. 婢僕, 當令和睦. 若有鬪鬩喧噪者, 則當痛加禁制. 君子憂道, 不當憂貧. 但家貧, 無以資生, 則雖當思救窮之策, 亦只可免飢寒而已. 不可存居積豊足之念, 且不可以世間鄙事, 留滯于心胸之間. 古之隱者, 有織屨而食者, 樵漁而活者, 植杖而耘者. 此等人, 富貴不能動其心, 故能安於此. 若有較利害計豊約之念, 則豈不爲心術之害哉! 學者, 要須以輕富貴守貧賤爲心.

집안을 다스릴 때는, 예법으로 내외(內外)를 분별하여, 하인이라 할지라도 남자와 여자가 뒤섞여 거처하게 해서는 안 된다. 남자 하인은 시키는 일이 있지 않으면, 함부로 안에 들어가지 말게 하고, 여자 하인은 모두 정해 준 남편이 있게 하여, 음란하게 하지 말아야 한다. 음란한 짓을 그치지 않는 자는 마땅히 내쫓아, 따로 거처하게 하여, 집안의 풍속을 더럽히지 않도록 해야 한다.

하인들도 마땅히 화목하게 생활하도록 만들어야 한다. 싸우거나 시끄럽게 떠드는 자가 있으면, 철저하게 금지하고 제재해야 한다. 교육받은 사람은 삶의 도리가 제대로 펼쳐지기를 걱정하지, 가난을 근심해서는 안 된다. 간혹, 집이 가난하여 다른 사람들에게 의지하더라도 살아갈 수가 없으면, 빈궁함을 구제할 대책을 생각해야 한다. 그러나 그

때도 굶주림과 추위를 면하면 될 뿐, 재물이나 곡식을 많이 쌓아두고 풍족하게 살려고 생각해서는 안 된다. 또 세상의 비루한 일을 마음에 머물게 두어서는 안 된다.

옛날에 은자(隱者) 가운데, 신을 만들어 팔아서 먹고산 사람, 땔나무를 하거나 고기를 잡아서 생활한 사람, 지팡이를 꽂아 놓고 김을 매며 산 사람이 있었다. 이런 사람들은 아무리 부귀한 그 무엇을 들이대더라도, 그 마음을 움직일 수 없었다. 그들은 그런 삶 자체를 편안하게 여겼다. 그러니 이해득실을 비교하고 풍성함과 가난함을 헤아리는 생각이 있다면, 어찌 마음의 해가 되지 않겠는가! 배우는 사람은 부정적이거나 비정상적인 부귀를 가벼이 여기고, 정당하고 올바른 삶 속에서 어쩔 수 없이 다가온 빈천을 담담하게 기꺼이 받아들이는, 저 깨끗함을 마음으로 삼아야 한다.

'유투혁훤조자(有鬪鬨喧噪者), 즉당통가금제(則當通加禁制)! – 싸우거나 시끄럽게 떠드는 자가 있으면, 철저하게 금지하고 제재해야 한다!'와 관련하여 『가례』「통례」에는 다음과 같이 구체적으로 적시하고 있다.

人貴賤, 不可以無禮! 故使之序長幼, 務相雍睦. 其有鬪爭者, 主父主母聞之, 卽訶禁之, 不止卽杖之. –『家禮』「通禮」(一)

사람의 귀함과 천함을 두고 예법이 없을 수 없다! 즉 관직의 높고 낮음에 따라 그에 합당한 예의가 있는 것이다. 그러므로 어른과 어린이 사이에 순서가 있게 하여, 서로 화목에 힘쓰도록 하였다. 싸우는 자가 있으면, 집안의 어른은 그 까닭을 물어, 즉시 꾸짖어 금지하게 하였고, 그래도 싸움을 그치지 않는 자에게는 즉시 곤장을 쳤다.

'군자우도(君子憂道), 부당우빈(不當憂貧).'은 『논어』「위령공」에 보이
는 표현이다.

君子, 謀道, 不謀食! 耕也, 在其中矣! 學也, 祿在其中矣! 君子憂
道, 不憂貧! -『論語』「衛靈公」

군자는 인간의 도리가 무엇인지를 깊이 헤아리고, 단순히 먹을거
리만을 꾀하지는 않는다! 논밭을 경작할 때, 어떻게 농사를 짓느냐에
따라 굶주리느냐 풍요로우냐가 그 가운데에 있다! 학문을 탐구할 때,
어떻게 연구하고 도리를 제대로 찾아가느냐에 따라 녹봉과 행복이 그
가운데 있다! 군자는 인간의 도리를 먼저 걱정하고, 가난함을 걱정하
지 않는다!

10-5

㉮ 居家, 貧窶則必爲貧窶所困, 失其所守者多矣. 學者, 正當於此處用
功. 古人曰, 窮視其所不爲, 貧視其所不取. 孔子曰, 小人, 窮斯濫矣. 若
動於貧窶, 而不能行義, 則焉用學問爲哉? 凡辭受取與之際, 必精思義
與非義. 義則取之, 不義則不取, 不可毫髮放過. 若朋友, 則有通財之義,
所遺皆當受, 但我非乏而遺以米布, 則不可受也. 其他相識者, 則只受其
有名之饋, 而無名則不可受也. 所謂有名者, 賻喪, 賮行, 助婚禮, 周飢
乏之類, 是也.
집안에 거처할 때, 가난이 겹쳐오면 반드시 가난함에 곤궁함을 당하
여, 그 지킬 바를 잃는 사람이 많다.
배우는 사람은 바로 이런 곳에 힘써야 한다.

옛사람이 말하였다.

"곤궁할 때는 그 하지 않는 바를 살펴보고, 가난할 때는 그 취하지 않는 바를 살펴본다."

공자도 말하였다.

"조무래기들은 곤궁하면 넘친다."

가난에 동요되어, 의리를 행할 수 없다면, 아무리 배운들, 그런 학문을 어디에 쓰겠는가? 사양하고 받으며, 취하고 주는 즈음에, 반드시 의로운가 의롭지 않은가를 자세하게 살펴야 한다. 의로우면 취하고 의롭지 않으면 취하지 않아, 털끝만큼이라도 그대로 지나쳐 버려서는 안 된다. 친구라면 재물에서 서로 통하는 의리가 있으므로, 주는 것은 마땅히 받아야 한다. 그런데 내가 궁핍하지 않은 데, 생활에 필수적인 재물을 주었을 때, 받아서는 안 된다. 서로 아는 사람의 경우, 명분이 있는 선물은 받고, 명분이 없는 것은 받지 말아야 한다. 이른바 '명분이 있다'라는 것은, 장례 때의 조의금이나 여행 때의 용돈, 결혼할 때의 축의금, 굶주린 사람을 구원해 주는 일 등이 이에 해당한다.

'고인왈(古人曰), 궁시기소불위(窮視其所不爲), 빈시기소불취(貧視其所不取).-곤궁할 때는 그 하지 않는 바를 살펴보고, 가난할 때는 그 취하지 않는 바를 살펴본다.'라는 말은 『사기』「위세가」에 나오는 말이다. 내용은 다음과 같다.

李克曰, 君不察故也. 居視其所親, 富視其所與, 達視其所, 窮視其所不爲, 貧視其所不取. -『史記』「魏世家」

이극이 말하였다.

"군주께서 살피지 않았기 때문입니다. 평소에는 그 사람이 친하게 지내는 것이 무엇인지 살펴보고, 부유할 때는 그 사람이 더불어 하는 것이 무엇인지 살펴보며, 지위가 높고 귀하게 되었을 때는 그 사람이 누구를 천거하는지 살펴보고, 곤궁할 때는 그 사람이 하지 않는 행위를 살펴보고, 가난할 때는 그 사람이 취하지 않는 재물을 살펴보아야 합니다."

공자가 말한 '소인(小人), 궁사람의(窮斯濫矣).'는 『논어』「위령공」에서 군자와 대비되어 언급된다.

子路溫見日, 君子亦有窮乎? 子曰, 君子, 固窮, 小人, 窮斯濫矣. - 『論語』「衛靈公」
자로가 화가 잔뜩 난 얼굴로 공자를 뵙고, 따져 물었다.
"군자도 또한 곤궁할 때가 있습니까?"
공자가 말하였다.
"군자는 본디 곤궁한 존재이지만, 소인은 곤궁하면 넘친다."

'붕우(朋友), 즉유통재지의(則有通財之義), 소유개당수(所遺皆當受).- 친구라면 재물에서 서로 통하는 의리가 있으므로, 주는 것은 마땅히 받아야 한다.'라는 구절의 의미는 『논어』「향당」에서 엿볼 수 있다.

朋友之饋, 雖車馬, 非祭肉, 不拜.; 朋友, 有通財之義. 故雖車馬之重, 不拜, 祭肉則拜者, 敬其祖考, 同於己親也. - 『論語集註』「鄕黨」
친구의 선물은 수레와 말 같이 중대한 물건일지라도 절하지 않으며, 제사 지낸 고기가 아니면 절하지 않았다. 이에 대한 주석에 다음과 같이 되어 있다. 친구 사이에는 재물에서 서로 통하는 의리가 있다. 그러므로 수레와 말 같은 중대한 물건이라도 고맙다고 절하지 않으며, 제사 지낸 고기를 주면 절하고 받는 것은, 그 선조를 공경하여 자기 부모처럼 생각하기 때문이다.

㉯ 若是大殷惡人, 心所鄙惡者, 則其饋雖有名, 受之, 心必不安. 心不安, 則不可抑而受之也. 孟子曰, 無爲其所不爲, 無欲其所不欲, 此是行義之法也.

대단한 악인으로, 마음이 더럽고 나쁜 놈인 경우, 그 선물이 아무리 명분이 있다고 할지라도, 그것을 받으면 마음이 반드시 편안하지 못하다. 마음이 편안하지 못하면, 억지로 받아서는 안 된다.

맹자가 말하였다.

"하지 않아야 할 것은 하지 말고, 하려고 하지 않은 것은 하려고 하지 말라!"

이것이 바로 의리를 행하는 법칙이다.

㉰ 中朝則列邑之宰, 有私俸. 故推其餘, 可以周人之急矣. 我國則守令, 別無私俸, 只以公穀, 應日用之需, 而若私與他人, 則不論多少, 皆有罪譴, 甚則至於犯贓. 受者, 亦然. 爲士而受守令之饋, 則是乃犯禁也. 古者, 入國而問禁, 則居其國者, 豈可犯禁乎? 守令之饋, 大抵難受. 若私與官庫之穀, 則不論人之親疏, 名之有無, 物之多寡, 皆不可受也. 若分厚邑宰, 以衙中私財周急, 則或可受也.

중국에는 여러 읍의 수령들이 개인적으로 받는 사사로운 녹봉(祿俸)이 있다. 그러므로 그 남는 것을 가지고 사람들이 위급함에 처했을 때도와줄 수 있다. 우리 조선의 수령들은 별도로 받는 사사로운 녹봉이 없고, 단지 공적인 곡물로 일상의 수요에 대응하고 있다. 사사로이 남에게 준다면, 그 많고 적음을 논하지 않고, 모두 죄가 있어, 심하면 부정행위를 저지르는 데 이른다. 받은 사람도 또한 그러하다.

선비가 되어 수령의 선물을 받으면, 이는 바로 법을 위반한 것이다. 옛날에는 다른 나라에 들어갈 때도, 그 나라에서 금지하는 것을 물었는데, 그 나라에 사는 자가 어찌 법을 어길 수 있겠는가? 수령의 선물은 대개 받기가 어렵다. 국고의 곡식을 개인적으로 준다면, 사람의 친하고 친하지 않음과 명분의 유무, 물건의 많고 적음을 막론하고, 모두 받지 말아야 한다. 친분이 두터운 수령이 개인의 재산으로 도와준다면, 받을 수도 있다.

'고자(古者), 입국이문금(入國而問禁).-옛날에는 다른 나라에 들어갈 때, 그 나라에서 금지하는 것을 물었다.'라는 구절은 『예기』나 『맹자』에 등장하는 데, 다음과 같은 의미를 담고 있다.

入竟而問禁, 入國而問俗, 入門而問諱 - 『禮記』「曲禮」(上)
다른 나라의 국경을 통과할 때는 그 나라에서 금지하는 것이 무엇인지 묻고, 그 나라 안으로 들어갈 때는 그 나라의 풍속을 묻고, 그 나라 도성의 대문에 들어갈 때는 도성 사람들이 꺼리는 것을 묻는다.

臣始至於境, 問國之大禁, 然後敢入. - 『孟子』「梁惠王」(下)
제가 처음 이 나라의 국경에 이르러, 이 나라에서 크게 금지하는 것을 물었습니다. 그리고 난 다음에 감히 들어왔습니다.

11. 접인(接人) - 사회생활에 필요한 기본 교양을 설명하다

11-1

'접인(接人)'은 인간이 서로 만나는 사회생활에 관한 내용이다. 특히 인간 사회에 필요한 기본적 교양의 원리를 정돈하였다. 이장도 과거와 현대의 인간 사회가 그 본질이나 양상이 달라진 점을 고려하여, 별도의 해석을 첨가하지 않고, 원문과 의역을 제시한다. 몇몇 주요한 내용에 대해서는 그 출전을 밝혀 이해를 돕는다.

11-2

㉮ 凡接人, 當務和敬. 年長以倍, 則父事之, 十年以長, 則兄事之, 五年以長, 亦稍加敬. 最不可恃學自高, 尙氣陵人也.

사람을 만날 때는, 온화한 모습과 공경한 태도에 힘써야 한다. 나보다 나이가 두 배가 많으면 아버지처럼 모시고, 10년이 많으면 형처럼 대우하며, 5년이 많으면 또한 약간의 공경을 표해야 한다.

좀 배운 사람이라고 자기 학문을 믿고, 스스로 고상한 체하며, 기세등

등하게 다른 사람을 업신여겨서는 안 된다.

『예기』「곡례」에 다음과 같이 정리하고 있다.

年長以倍, 父事之. 十年以長, 兄事之. 五年以長, 則肩隨之. - 『禮記』「曲禮」(上)

나보다 나이가 두 배가 많으면 아버지처럼 모신다. 열 살이 많으면 형처럼 대우한다. 다섯 살이 많으면 어깨를 나란히 하고 걷되, 조금 뒤에 쳐져 따라가는 정도여야 한다.

㉮ 擇友, 必取好學, 好善, 方嚴, 直諒之人, 與之同處, 虛受規戒, 以攻吾闕. 若其怠惰, 好嬉, 柔佞不直者, 則不可交也.
벗을 사귈 때는 사람을 잘 선택해야 한다. 반드시 배우기를 좋아하고, 착한 일을 아름답게 여기며, 바르고 엄정하며, 정직하고 성실한 사람을 만나 서로 도와야 한다. 함께 만나 교류하며, 충고와 주의를 겸허하게 받아들여, 나의 결점을 보완해야 한다. 게으르고 놀기를 좋아하며, 너무 여리고 사람들에게 아첨이나 하는, 바르지 못한 인간이라면, 사귀어서는 안 된다.

㉯ 鄕人之善者, 則必須親近通情, 而鄕人之不善者, 亦不可惡言揚其陋行. 但待之泛然, 不相往來. 若前日相知者, 則相見, 只敍寒暄, 不交他語, 則自當漸疎, 亦不至於怨怒矣.
같은 지역에 사는 사람 가운데, 착한 분은 가까이하여 정분을 쌓아야 한다.

지역 사람 가운데 착하지 않은 자일지라도, 나쁜 말로 그의 더러운 행실을 드러내어 이미지를 훼손해서는 안 된다. 다만, 그런 착하지 않은 인간은 그저 스쳐 지나가며 보기만 할 뿐, 서로 친하게 교류하지는 않아야 한다.

예전부터 알던 사람의 경우, 서로 만났을 때, 안부나 묻고, 중요한 얘기를 주고받지 않는다면, 자연스럽게 거리가 멀어지게 된다. 그러므로 가볍게 안부나 묻는 선에서 인사나 하고 지내면, 서로 원망하고 노여워하는 지경에 이르지는 않으리라.

㉭ 同聲相應, 同氣相求. 若我志於學問, 則我必求學問之士, 學問之士, 亦必求我矣. 彼名爲學問而門庭, 多雜客, 喧囂度日者, 必其所樂, 不在學問故也.

같은 뜻을 가진 사람이 대화하면 서로 받아들이고, 같은 활동을 하는 사람은 서로에게서 힘을 찾는다. 내가 학문에 뜻을 두었다면, 나는 반드시 학문하는 선비를 찾을 것이고, 학문하는 선비도 또한 반드시 나를 찾으리라. 말로는 학문한다고 하지만, 집안에 찾아오는 사람들은 잡된 손님이 많아, 시끄럽게 떠들며 세월이나 보내는 자가 있다. 이런 인간은, 그가 즐기는 것이 학문에 있지 않다.

'동성상응(同聲相應), 동기상구(同氣相求).'와 관련하여, 『주역』「건」〈문언〉에 다음과 같은 표현이 등장한다.

飛龍在天利見大人, 何謂也? 子曰, 同聲相應, 同氣相求. 水流濕, 火就燥, 雲從龍, 風從虎. 聖人作而萬物覩. 本乎天者親上, 本乎地者親

下, 則各從其類也. - 『周易』「乾」〈文言〉

'나는 용이 하늘에 있으니, 대인을 만나봄이 이롭다'라는 구절은 무슨 말인가?

공자가 말하였다.

"같은 소리는 서로 응하고, 같은 기운은 서로 구한다. 물은 습한 곳으로 흐르고, 불은 마른 곳으로 나아가며, 구름은 용을 따르고, 바람은 범을 따른다. 성인이 세상에 등장하자 모든 존재가 그를 우러러 본다. 하늘에 뿌리를 둔 것은 위를 가까이하고, 땅에 뿌리를 둔 것은 아래를 가까이한다. 이는 각기 그 부류를 따르기 때문이다."

이는 『주역』「계사」(상)에서 "방이류취(方以類聚), 물이군분(物以群分), 길흉생의(吉凶生矣) - 같은 방위에는 같은 종류끼리 모이고, 모든 사물은 무리를 지어 나누어진다. 여기에서 좋은 일과 나쁜 일이 생겨난다."라는 말로 확장되었다.

인간 사회의 모든 사람은 개별자로서, 단독으로 살아가는 것이 아니다. 무리를 이루어 살아간다. 그것도 끼리끼리, 성장하면서는 각각의 특성과 기호에 맞게 어울린다. '유유상종(類類相從)'이라고 하듯이, 같은 동아리 사람끼리 서로 왕래하여 사귄다.

11-3

㉮ 凡拜揖之禮, 不可預定. 大抵父之執友, 則當拜. 洞內年長十五歲以上者, 當拜. 爵階堂上, 而長於我十年以上者, 當拜. 鄕人年長二十歲以上者, 當拜, 而其間高下曲折, 在隨時節中. 亦不必拘於此例. 但常以自卑尊人底意思, 存諸胸中, 可也. 詩曰, 溫溫恭人, 惟德之基!

절을 하고 읍(揖)을 하는 예법은 미리 정할 수 없다. '읍'은 두 손을 맞
잡고 얼굴 앞쪽으로 들고, 허리를 앞으로 구부렸다 펴며 손을 내리는
예절로 절과는 다른 형식이다.

부모의 친구에게는 절을 하는 것이 마땅하다. 지역 사회에서 나이가
15세 이상 많은 어른에게도 절을 해야 한다. 국가의 고위 관리로서 나
이가 10세 이상 많은 분에게도 절을 해야 한다. 지역 사람으로서 나이
가 20세 이상인 사람에게는 절을 한다. 그러나 그 사람을 높이고 낮추
는 구체적인 내용은 때에 따라 알맞게 하면 된다.

절을 하거나 읍을 행할 때, 반드시 위의 사례에 구애될 필요는 없다.
중요한 것은 예법의 의미를 바르게 갖는 마음 자세이다. 항상 자신을
낮추고 남을 높이는 뜻을 가슴 속에 두는 것이 옳다.

그러기에 『시경』에서 다음과 같이 읊었다.

"온순하고 온순하며 공손한 사람, 그 사람이 덕의 터전이네!"

㉰ 人有毀謗我者, 則必反而自省. 若我實有可毀之行, 則自責內訟, 不
憚改過. 若我過甚微而增衍附益, 則彼言雖過, 而我實有受謗之苗脈, 亦
當芟鋤前愆, 不留毫末. 若我本無過而捏造虛言, 則此不過妄人而已. 與
妄人, 何足計較虛實哉? 且彼之虛謗, 如風之過耳, 雲之過空, 於我何與
哉? 夫如是, 則毀謗之來, 有則改之, 無則加勉, 莫非有益於我也. 若聞
過自辨, 曉曉然不置, 必欲置身於無過之地, 則其過愈甚而取謗益重矣.
昔者, 或問止謗之道, 文中子曰, 莫如自修. 請益曰, 無辨. 此言, 可爲學
者之法.

사람 가운데 나를 헐뜯고 비방하는 자가 있으면, 반드시 나의 행동에
문제가 있는지 돌이켜 보고, 스스로 살펴야 한다.

내가 실제로 사람들에게 비방받을 만한 행실을 했다면, 스스로 꾸짖고 내면으로 반성하여, 잘못된 사안에 대해 고치기를 꺼리지 말아야 한다. 나의 잘못이 아주 작은데, 누군가 그것을 부풀려 말했다면, 나를 비방하는 저 말이 비록 지나칠지라도, 실제로 남에게 비방받을 만한 실마리가 나에게 있다. 이런 경우, 이전의 잘못을 제거하여, 털끝만큼도 남겨 두지 말아야 한다.

나에게 본래 허물이 없는데, 누군가 거짓말로 모함하고 날조했다면, 이는 망령된 자에 지나지 않을 뿐이다. 망령된 인간을 두고, 무슨 거짓과 진실을 따질 일이 있겠는가? 그의 헛된 비방은 바람이 스쳐 지나가는 것과 같고, 구름이 허공을 가로질러 가는 것과 같으니, 나와 무슨 관계가 있겠는가?

이와 같이 생각한다면, 사람들이 나에 대해 비방할 때는, 잘못이 있으면 고치고, 잘못이 없으면 더욱 올바른 도리를 실천하는 데 힘쓰면 된다. 그렇게 하면, 나에게 유익하지 않음이 없으리라. 잘못이 있음을 듣고도 스스로 변명하며 시끄럽게 떠들고 그대로 두면서, '나는 잘못이 없다!'라고 우겨대서는 안 된다. 그렇게 되면, 그 잘못은 더욱 깊어지고, 사람들이 비방하는 목소리는 더욱 커지리라.

옛날에 어떤 사람이 비방하는 소리를 그치게 하는 방법을 묻자, 문중자가 말하였다.

"스스로 행실을 닦는 것만 못하다!"

무슨 뜻인지, 좀 더 분명하게 말해주기를 요청하자, 이렇게 대답했다.

"변명하지 말라!"

이 말은, 배우는 사람이, 교육적 차원에서 깊이 생각해 볼 모범적 언표이다.

'여망인(與妄人), 하족계교허실재(何足計較虛實哉)?-망령된 인간을 두고, 무슨 거짓과 진실을 따질 일이 있겠는가?'라는 구절은 『맹자』 「이루」에 등장한다. 이 말이 의미하는 구체적 내용은 다음과 같다.

君子, 所以異於人者, 以其存心也. 君子, 以仁存心, 以禮存心. 仁者愛人, 有禮者敬人. 愛人者, 人恒愛之. 敬人者, 人恒敬之. 有人於此, 其待我以逆, 則君子必自反也. 我必不仁也, 必無禮也, 此物奚宜至哉? 其自反而仁矣, 自反而有禮矣, 其逆由是也. 君子必自反也. 我必不忠. 自反而忠矣, 其橫逆由是也. 君子曰, 此亦妄人也已矣. 如此, 則與禽獸奚擇哉? 於禽獸又何難焉. - 『孟子』「離婁」(下)

군자가 일반 사람과 다른 까닭은 그 마음을 보존하기 때문이다. 군자는 '인'을 마음에 보존하고 '예'를 마음에 보존한다. 인을 보존한 사람은 남을 사랑하고, 예를 갖춘 사람은 남을 공경한다. 남을 사랑하는 사람은 남이 언제나 나를 사랑해 주고, 남을 공경하는 사람은 남이 언제나 나를 공경해 준다.

여기에 어떤 사람이 있는데, 자신을 마주할 때 삐딱하게 배반하면, 군자는 반드시 스스로 돌이켜 본다. '내 반드시 어질지 못하며, 내 반드시 예의가 없는가 보다. 이러한 일이 어찌 이를 수 있겠는가?' 그 스스로 돌이켜 어질었으며, 스스로 돌이켜 예의가 있었는데도 그 배반하는 모습이 이전과 같다. 그러면, 군자는 반드시 스스로 돌이켜 본다. '내 반드시 충실하지 않았는가 보다!' 스스로 돌이켜 충실하였는데, 그 배반하는 모습이 이전과 같다. 그러면 군자는 말한다. '이 또한 망령된 인간일 뿐이다.' 이와 같다면, 짐승과 더불어 어찌 구별되겠는가? 짐승에 대해 또 무엇을 꾸짖을 것이 있겠는가?

'석자(昔者), 혹문지방지도(或問止謗之道).-옛날에 어떤 사람이 비방하는 소리를 그치게 하는 방법을 묻다'에 대한 구체적 내용은 『명문해』에 등장한다. 구체적인 내용은 다음과 같다.

文中子云, 止謗, 莫如自修. 又曰, 何以止謗, 曰, 勿辨. 此古人, 處己之成法也. -『明文海』「書」53

문중자가 말하였다.

"비방하는 소리가 있을 때, 이를 그치게 하는 방법은, 스스로 행실을 닦는 것만 같은 것이 없다."

또 물었다.

"어떻게 비방을 그치게 할 것인가?"

문중자가 말하였다.

"변명하지 말라! 이것은 옛사람들이 자기를 지킬 때 쓰는 온전한 방법이다."

11-4

㉮ 凡侍先生長者, 當質問義理難曉處, 以明其學. 侍鄕黨長老, 當小心恭謹, 不放言語, 有問則敬對以實. 與朋友處, 當以道義講磨, 只談文字義理而已. 世俗鄙俚之說, 及時政得失, 守令賢否, 他人過惡, 一切不可掛口. 與鄕人處, 雖隨問應答, 而終不可發鄙褻之言. 雖莊栗自持, 而切不可存矜高之色, 惟當以善言誘掖, 必欲引而向學. 與幼者處, 當諄諄言孝悌忠信, 使發善心. 若此不已, 則鄕俗, 漸可變也.

선생과 선배 어른은 모실 때는, 의리 가운데 깨닫기 어려운 곳을 질문하여, 그 배움의 진정한 의미를 밝혀야 한다.

지역 사회의 어른이나 사회 지도급 인사들을 모실 때는, 조심스럽게 공손한 태도로 삼가서, 말을 함부로 하지 말고, 묻는 내용이 있으면 공경스럽게 사실대로 대답해야 한다.

친구와 함께 만나 얘기할 때는, 도리와 정의를 강구하고 닦는다. 이 때, 글과 인간의 도리가 무엇인지를 논의할 뿐, 세상에 횡행하는 비루한 말과 시대를 고려한 정치의 잘잘못, 수령의 어질고 어질지 못한 자질, 그리고 다른 사람의 잘못이나 나쁜 행동에 관한 이야기는, 일체 입에 담지 말아야 한다.

지역 주민을 만나 얘기할 때는, 묻는 내용에 따라 응답한다. 이때도 비루하고 상스러운 말을 내지 말고, 점잖게 스스로 몸가짐을 바르게 갖고, 절대, 자기를 자랑하거나 고상한 체하는 기색을 두지 말아야 한다. 오직 좋은 말로 타이르고 이끌어, 반드시 바른 도리로 인도하여, 잘 배울 수 있도록 해야 한다.

어린아이와 마주하여 얘기할 때는, 인간의 도리 가운데 핵심 덕목인 '효·제·충·신(孝·弟·忠·信)'의 내용을 간절하게 일러주어, 착한 마음을 일으키게 해야 한다.

이렇게 하여, 지속적으로 공부해 나간다면, 지역 사회의 분위기를 조금씩 바꿀 수 있으리라.

『소학』「가언」에 '범익겸의 좌우명이 기록되어 있다. 여기에 다음과 같은 의미심장한 경계의 말이 전해온다.

范益謙座右戒曰

一, 不言朝廷利害邊報差除.

二, 不言州縣官員長短得失.

三, 不言衆人所作過惡.

四, 不言仕進官職趨時附勢.

五, 不言財利多少厭貧求富.

六, 不言淫媟 慢評論女色.

七, 不言求覓人物干索酒食. - 『小學』「嘉言」

범익겸이 그의 좌우명에서 다음과 같은 사항을 경계하였다.

첫째, 국가 정부에서 벌어지는 이해관계와 오지나 외진 곳으로부터 전해지는 소식과 공직의 임명에 대해 말하지 않는다.

둘째, 지방 공무원의 장점과 단점, 이득과 손실에 대해 말하지 않는다.

셋째, 여러 사람이 저지른 나쁜 일에 대해 말하지 않는다.

넷째, 공직에 나아가는 일과 기회에 따라 권세에 아부하는 일에 대해 말하지 않는다.

다섯째, 재산의 많고 적음, 가난을 싫어하고 부유함을 추구하는 것에 대해 말하지 않는다.

여섯째, 음탕하고 난잡한 농지거리나 여색에 대해 이러쿵저러쿵 말하지 않는다.

일곱째, 남의 물건을 요구하거나 술과 음식을 찾는 일에 대해 말하지 않는다.

㉯ 常以溫恭慈愛, 惠人濟物爲心. 若其侵人害物之事, 則一毫不可留於心曲. 凡人, 欲利於己, 必至侵害人物. 故學者, 先絶利心, 然後, 可以學仁矣.
언제나 온순하고 공손하고 자애로우며, 사람들에게 은혜를 베풀고, 사람들을 구제하는 일에 심혈을 기울여야 한다. 사람들을 공격하고 해치는 일은 털끝만큼이라도 마음 한구석에 두어서는 안 된다. 자기에게 이롭게 하려고 일을 도모하다 보면, 반드시 다른 사람에게 해를 끼치게 마련이다.

이 때문에, 배우는 사람은, 먼저 '자기에게 이롭게 하려는 마음'을 끊어 버려야 한다. 그래야 인간 사회를 사랑하는 마음과 그 실천 양식을 배울 수 있다.

㉰ 居鄕之士, 非公事禮見及不得已之故, 則不可出入官府. 邑宰雖至親, 亦不可數數往見, 況非親舊乎! 若非義干請, 則當一切勿爲也.
지역 사회에 살고 있는 선비는, 공적인 일이나 예의상에서 만나야만 할 때, 또는 부득이한 일이 아니면, 관청에 드나들지 말아야 한다. 지역 사회의 기관장이 아주 친한 사이라 하더라도, 자주 찾아가 보지 말아야 한다. 그런데 친구도 아닌 경우에는 어떠하겠는가! 합리적이고 올바른 일로 사무 처리를 해야 할 일이 아니라면, 절대 관청 출입을 하지 말아야 한다.

12. 처세(處世) - 교육에 임하는 자세를 설명하다

12-1

'처세(處世)'는 교육에 임하는 사람들의 학문하는 태도에 관한 내용이다. 특히, 교육을 통해 진정한 학문을 하는 일과 교육을 과거 시험의 수단으로 인식하는 것에 대해 분명하게 구분한다. 과거 시험을 둘러싼 논의는, 다시 교육의 본질과 목적을 지시한다. 나의 성장을 위한 교육인가? 남에게 보여 주기 위한 겉치레 교육인가? 유교에서 구분하는 '위기(爲己)'와 '위인(爲人)'의 교육이 어떤 지점에서 서로를 배척하는가?

'교육'이라는 삶의 원초적 현상을 두고, 그 목적과 수단, 이상과 현실 사이에서, 어떤 것이 올바르고 그른지, 논란은 여전하다.

그 해답을 찾아가기 위해, 또는 과거의 사회 구조와 삶의 방법이 현대 사회와는 상당히 달라진 점을 고려하여, 이 마지막 장도 별도의 해석을 첨가하지 않는다. 원문과 의역을 제시하여, 참고 자료로 활용하게 도울 뿐이다. 각자, 자유로운 선택과 엄밀한 책무성, 그리고 시대에 부응하며, 미래를 선도하는 교육에 기여하기를 희망한다.

12-2

㉮ 古之學者, 未嘗求仕, 學成則爲上者, 擧而用之. 蓋仕者, 爲人. 非爲己也. 今世則不然, 以科擧取人. 雖有通天之學, 絶人之行, 非科擧, 無由進於行道之位. 故父敎其子, 兄勉其弟, 科擧之外, 更無他術. 士習之偸職, 此之由. 第今爲士者, 多爲父母之望, 門戶之計, 不免做科業, 亦當利其器, 俟其時, 得失付之天命, 不可貪躁熱中, 以喪其志也.

옛날에 배움에 임하는 사람은, 일찍이 공직 자리를 구하지 않았다. 하지만, 교육받은 사람으로서 자질을 갖추고 인정을 받으면, 사람들이 추천하여 등용하였다.

국가 사회를 위해 봉사하는 것은 사람들을 위하는 일이다. 자신을 위한 일이 아니다. 그런데 지금 세상은 그렇지 않아, 과거(科擧)라는 시험으로 사람을 선발한다. 우주 자연의 이치를 통달한 학문과 다른 사람보다 뛰어난 행실을 지니고 있더라도, 과거라는 시험이 아니면, 인간 사회의 도리를 실천하는 데 도움을 주는, 공직자로서의 자리에 나아갈 길이 없다. 그러므로 부모는 자식에게 과거 공부를 시키고, 형은 동생에게 과거 공부를 독려한다. 과거를 통해 공직에 나아가는 방법 이외에 다른 도리가 없기 때문이다. 이른바, '관직을 훔치는 선비의 습속'이 이런 분위기에서 연유한다.

이제 선비가 된 사람들 대부분이, 부모의 희망과 가문의 계획에 의해, 과거 공부를 피할 수 없는 지경에 이르렀다. 그렇다면, 할 수 없이 실력을 갈고닦아 때를 기다려라. 그리고 과거 급제와 낙방은 하늘에 맡겨라. 무조건 공직을 탐내고, 조급하게 자리를 차지하려는 마음으로 속을 끓여, 자기의 뜻을 손상하지 말아야 한다.

㉯ 人言科業爲累, 不能學問. 此亦推託之言, 非出於誠心也. 古人養親, 有躬耕者, 有行傭者, 有負米者. 夫躬耕 行傭, 負米之時, 勤苦甚矣. 何暇讀書乎? 惟其爲親任勞, 旣修子職, 而餘力學文, 亦可進德. 今日之爲士者, 不見爲親任勞. 如古人者, 只是科業一事, 是親情之所欲, 今旣不免做功, 則科業. 雖與理學不同, 亦是坐而讀書作文, 其便於躬耕, 行傭, 負米, 不翅百倍. 況有餘力, 可讀性理之書哉!

사람들은 말한다.

"과거 공부에 매여 학문을 할 수 없다!"라고.

이 또한 핑계 대는 말이다. 진정한 마음에서 나온 언표가 아니다.

옛날 사람은 부모를 봉양할 때, 몸소 밭을 간 사람도 있었고, 돌아다니며 품팔이한 사람도 있었으며, 쌀가마니를 등에 지고 온 사람도 있었다. 몸소 밭 갈고, 돌아다니며 품팔이하고, 쌀가마니를 등에 지고 올 때, 마음과 힘을 다하며, 참으로 애를 썼다. 그런데 언제 글 읽을 시간이 있었겠는가? 오직 그 부모를 제대로 모시기 위해 수고로움을 도맡아, 자식으로서 직분을 다할 뿐이었다. 그러면서도, 남는 시간에 글을 배우고, 덕망을 높일 수 있었다.

요즘 선비라는 사람들은 좀 다른 것 같다. 부모를 모시며 수고하려는 인간이 별로 없다. 옛날 사람처럼 자식으로서 도리를 다하는 자를 보지 못했다. 다만, 이 과거 공부 하나, 이것이 부모가 마음에 바라는 것이라 하여, 과거 공부하는 일은 피하지 않고 있다. 과거 공부가 진정한 학문[性理學]의 내용과 같지는 않다. 앉아서 책을 읽고 글을 짓는 일에서는 유사하지만, 몸소 밭 갈고, 돌아다니며 품팔이하고, 쌀가마니를 등에 지고 오는 일에 비하면, 100배 이상이나 편안하다. 그런데 남는 시간에 우주 자연의 이치와 인간 사회의 법칙에 관한 책을 읽는 것은 말해서 무엇하겠는가!

12-3

㉮ 只是做科業者, 例爲得失所動, 心常躁競. 反不若勞力之不害心術.
故先賢曰, 不患妨功, 惟患奪志! 若能爲其事而不喪其守, 則科業理學,
可以竝行不悖矣.

이 과거 공부를 하는 인간들은, 과거에 급제하느냐 낙방하느냐에 동
요되어, 마음이 항상 조급하고 다툰다. 그것은 수고롭게 일하는 것이
마음을 수양하는 공부를 해치지 않는 것만 못하다. 그러므로 선현이
말하였다.
"과거를 준비하는 시험 공부가 진정한 공부에 방해되는 것이 걱정이
아니다. 오직 뜻을 빼앗길까 걱정이 된다!"
과거 공부하는 일을 충실히 하면서도, 지켜야 할 도리를 잃지 않는다
면, 과거 공부와 성리학 공부가 병행되어, 배움의 도리에 어긋남이 없
으리라.

㉯ 今人, 名爲做擧業而實不著功, 名爲做理學而實不下手. 若責以科業,
則曰, 我志於理學, 不能屑屑於此. 若責以理學, 則曰, 我爲科業所累,
不能用功於實地. 如是兩占便宜, 悠悠度日, 卒至於科業理學, 兩無所
成. 老大之後, 雖悔, 何追? 嗚呼, 可不戒哉!

요즘 사람들은, 말로는 과거 공부를 한다고 하지만, 실제는 공부하지 않
는다. 말로는 성리학 공부를 한다고 하지만, 실제는 착수하지 않는다.
과거 공부를 앞에 두고 질책하면, 이렇게 말한다.

"나는 성리학에 뜻을 두고 있어, 과거 공부에 신경 쓸 수가 없다!"

성리학 공부를 앞에 두고 질책하면, 이렇게 말한다.

"나는 과거 시험에 매여, 성리학의 실제 내용에 힘쓸 여유가 없다!"

이와 같이, 자기 마음대로, 양쪽에서 편리한 것을 들어, 하는 일 없이 세월만 보내다가, 마침내, 과거 공부와 성리학 공부, 이 두 가지 모두를 이루지 못하는 지경에 이른다.

늙은 뒤에 뉘우친들, 무슨 소용이 있겠는가? 아아, 정말 정신 바짝 차리고, 경계해야 하지 않겠는가!

㉺ 人於未仕時, 惟仕是急, 旣仕後, 又恐失之. 如是汩沒, 喪其本心者, 多矣. 豈不可懼哉! 位高者, 主於行道, 道不可行, 則可以退矣. 若家貧, 未免祿仕, 則須辭內就外, 辭尊居卑, 以免飢寒而已. 雖曰祿仕, 亦當廉勤奉公, 盡其職務, 不可曠官而餔啜也.

사람들이 관직에 있지 않을 때는, 오직 자리 얻는 것을 급선무로 여기고, 관직에 오른 뒤에는 또 그것을 잃을까 걱정한다. 이와 같이 골몰하여 그 본심을 잃는 자가 많다. 어찌 두려워할 만하지 않겠는가!

지위가 높은 자는 인간 사회의 도리가 세상에 베풀어지도록 책임을 다해야 한다. 그런데 삶의 도리가 제대로 베풀어지도록 책임을 다하지 못했으면, 그 자리에서 물러나야 한다.

그런데 집이 가난하여, 봉급을 받아야 살 수 있기 때문에, 하는 수없이, 공직에 나아가야 할 경우가 있다. 이때는 안에서 근무하는 편안한 자리를 사양하고, 밖에서 근무하는 어려운 자리로 나가라. 높은 자리를 사양하고 낮은 자리에서 임무를 다하라. 굶주림과 추위를 면하면 그만 아닌가!

봉급을 받기 위한 공직이라고 하지만, 청렴하고 부지런히 공무를 받들어 행하고, 그 직무를 다해야 한다. 공직에 임하는 책무성은 버려두고 봉급만을 챙겨 먹으려고 해서는 안 된다.

조선 교육학의 바이블

-『격몽요결(擊蒙要訣)』의 서구 교육적 독해-

초판 1쇄 발행 | 2026년 3월 10일

지은이 | 신창호

편 집 | 강완구

디자인 | S–design

펴낸이 | 강완구

펴낸곳 | 도서출판 써네스트   **브랜드** | 우물이있는집

출판등록 | 2005년 7월 13일 제2017-000293호

주 소 | 서울시 마포구 양화로 56, 1521호

전 화 | 02-332-9384   **팩 스** | 0303-0006-9384

홈페이지 | www.sunest.co.kr

ISBN 979-11-94166-78-8(93150) 값 17,000원

 우물이있는집은 써네스트출판사의 인문브랜드입니다

잘못된 책은 바꾸어 드립니다.